すうじの　ひょう

りんごの　かずを　かぞえてね。

1　2　3　4　5

6

7

8

9

10

はじめの おべんきょう ❶

あめに ぬれないように
かさの シールを はろう。

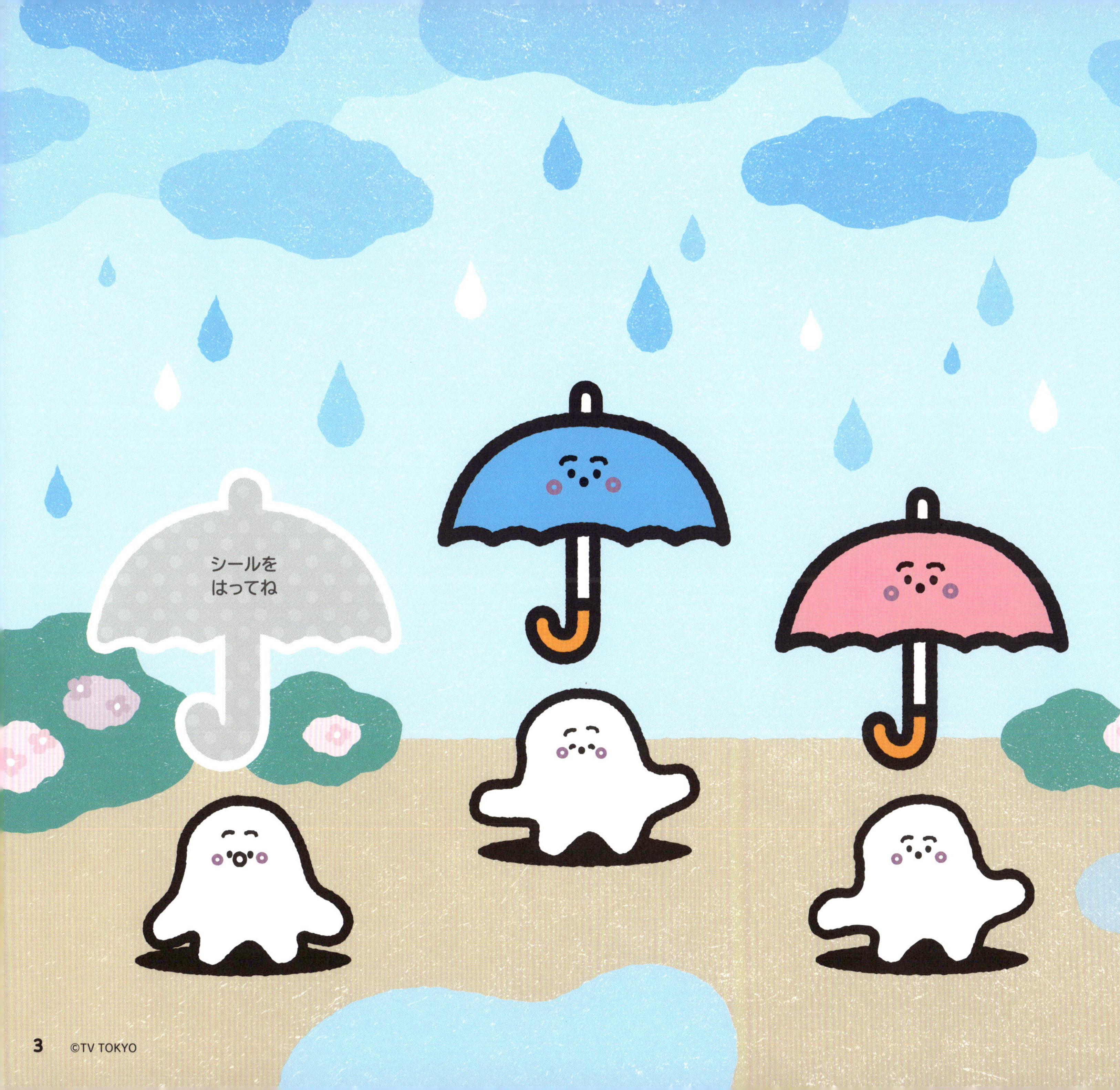

シールを
はってね

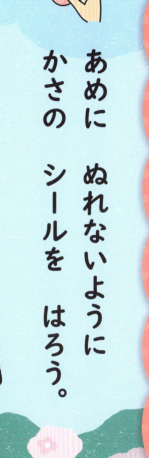

あいて いる きに
かぶとむしの シールを はろう。

あいて　いる　はなに
ちょうちょうの　シールを　はろう。

あいて　いる　あなに
もぐらの　シールを　はろう。

シールを
はってね

はじめの おべんきょう ②

シールを はってね

ももに ○を かこう。

みかんに　○を　かこう。

シールを
はってね

とまとに　○を　かこう。

シールを
はってね

にんじんに ○を かこう。

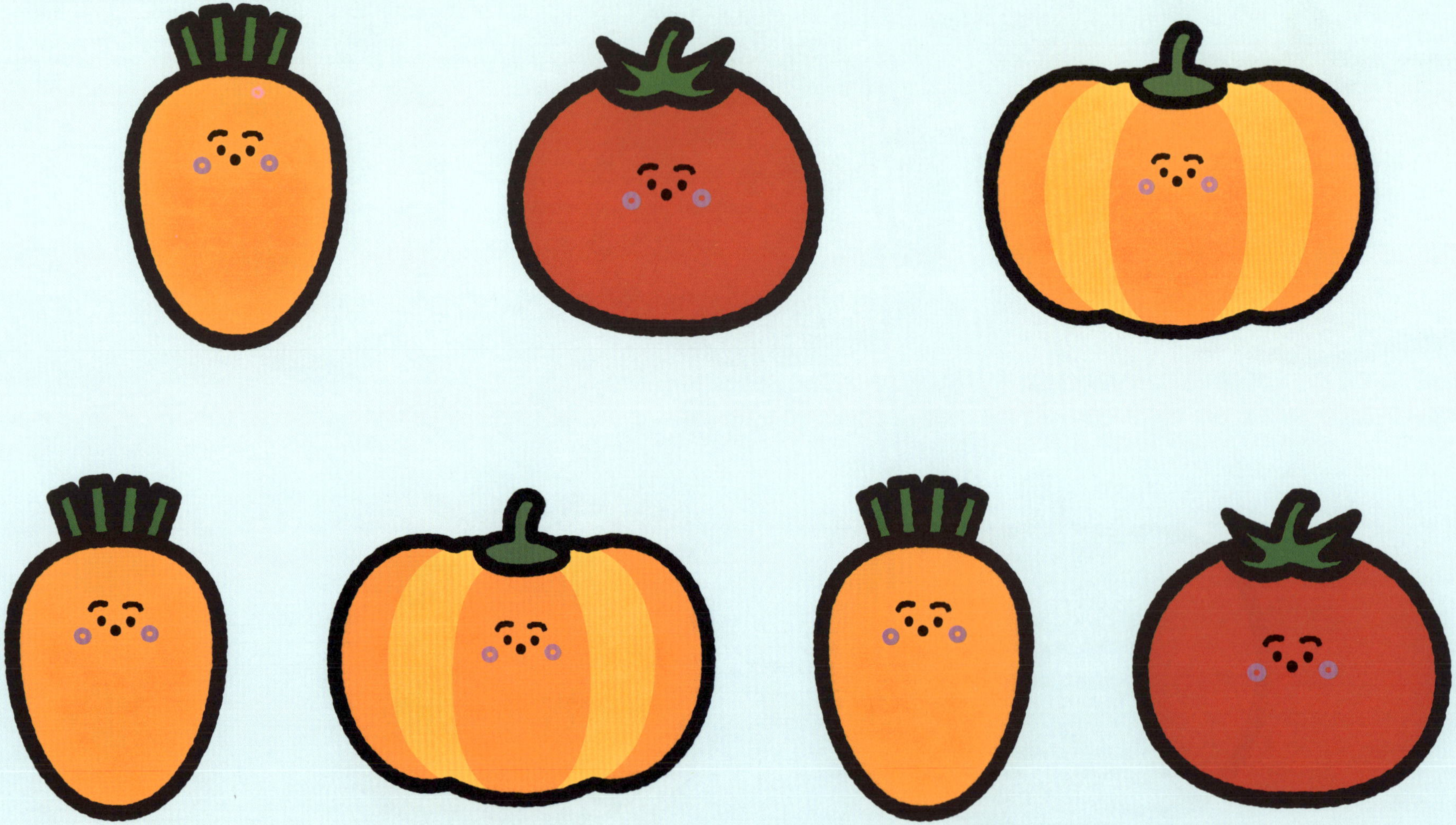

シールを
はってね

1のおべんきょう

いくつ　あるかな？
こえに　だして　かぞえよう。

1

シールを
はってね

うえと　したの　えを　みて
おおい　ほうに　○を　かこう。

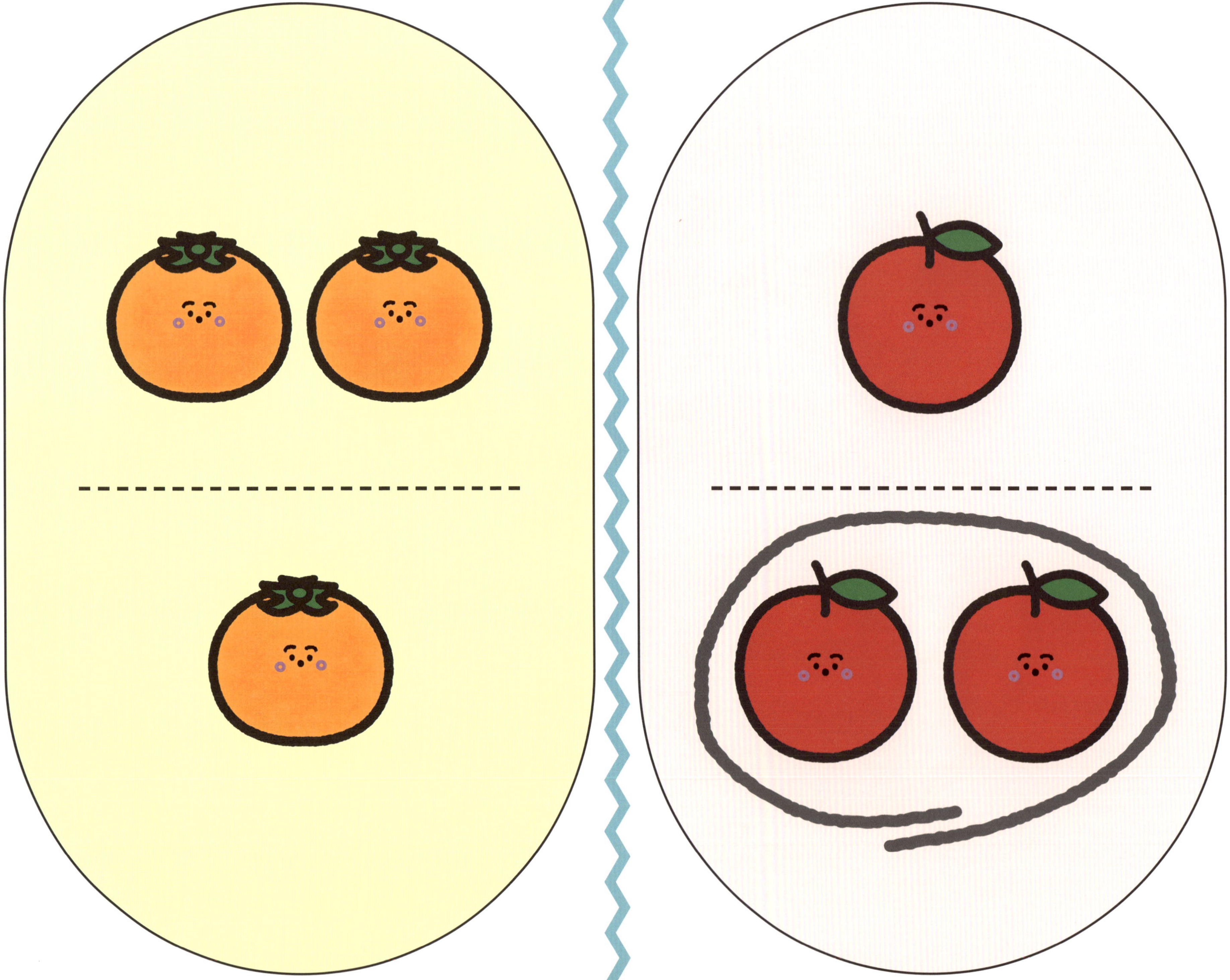

シールを
はってね

2のおべんきょう

いくつ　あるかな？
こえに　だして　かぞえよう。

2

シールを
はってね

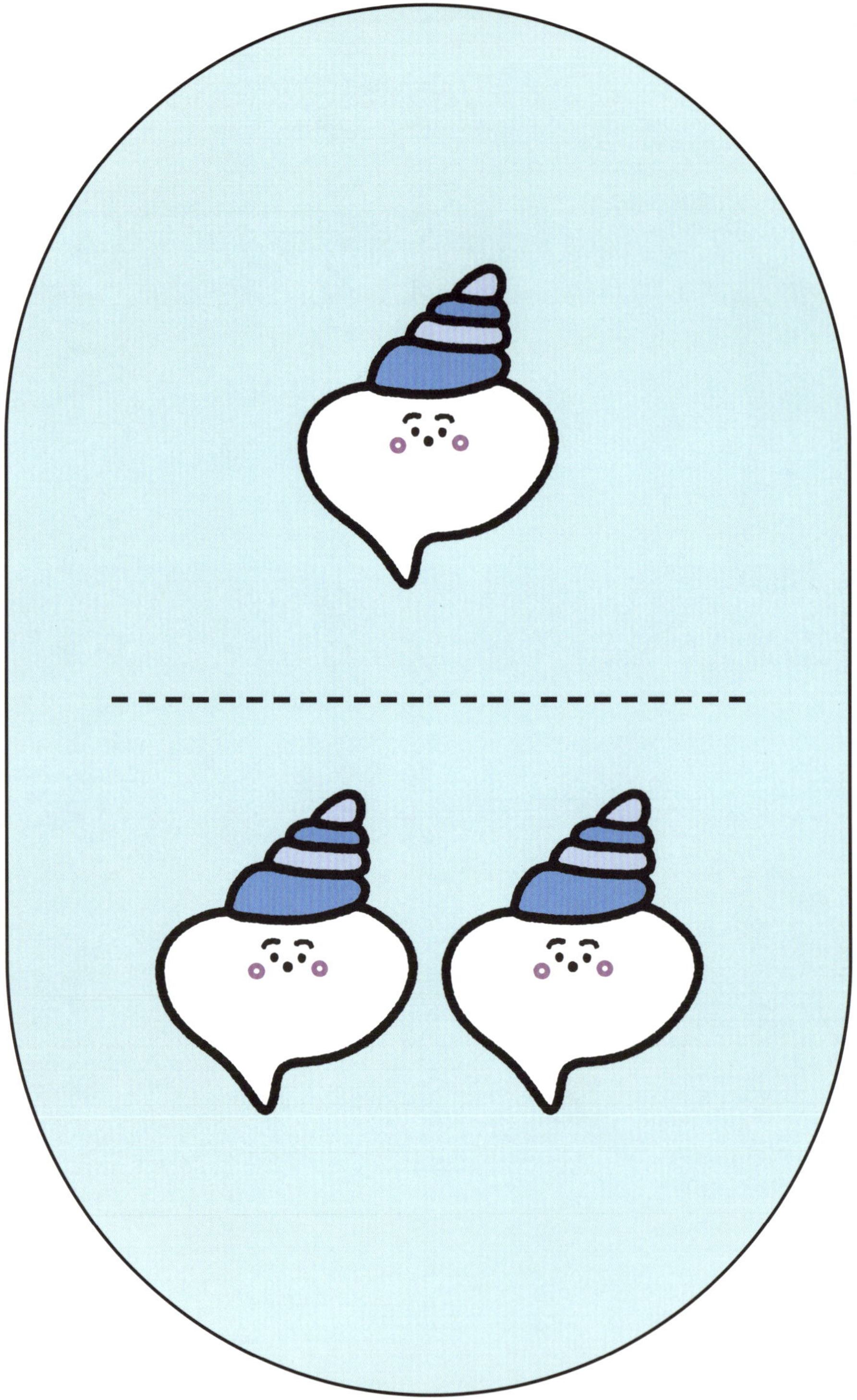

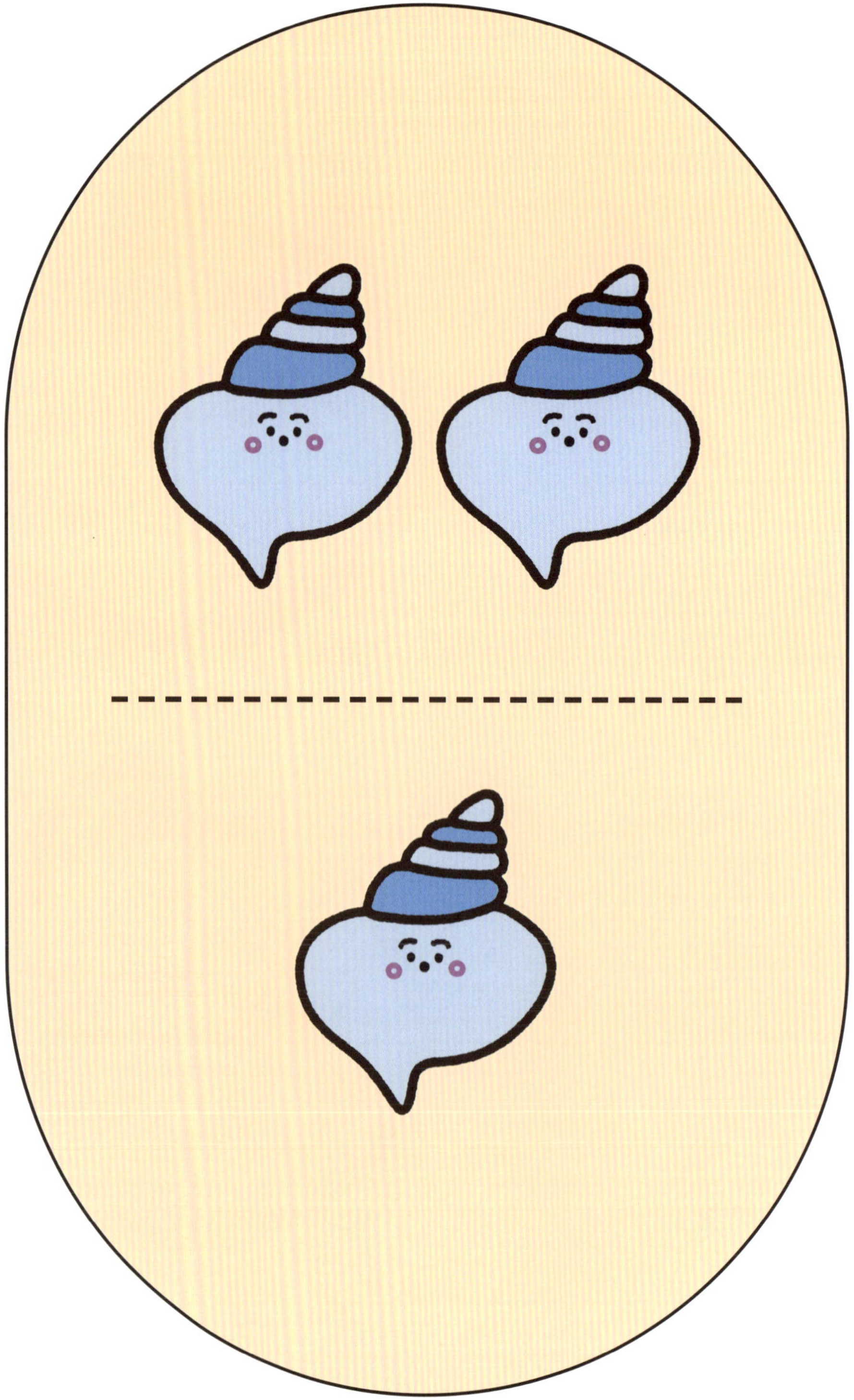

うえと　したの　えを　みて
おおい　ほうに　○を　かこう。

シールを
はってね

3の おべんきょう

いくつ あるかな？
こえに だして かぞえよう。

3

シールを
はってね

うえと したの えを みて
おおい ほうに ○を かこう。

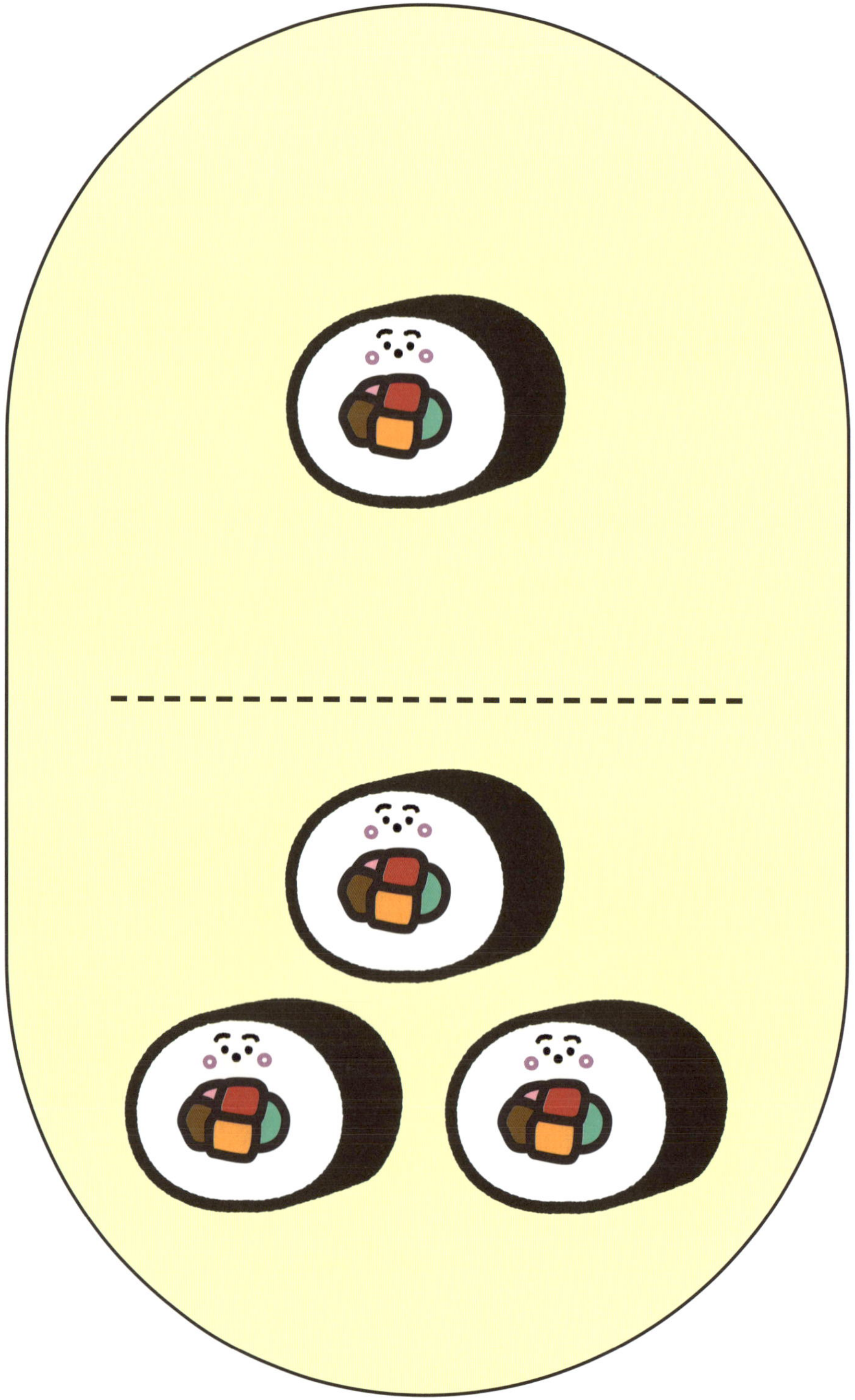

シールを
はってね

「1」〜「3」の おべんきょう

きのこが　2つの　ところを
とおって　すすもう。

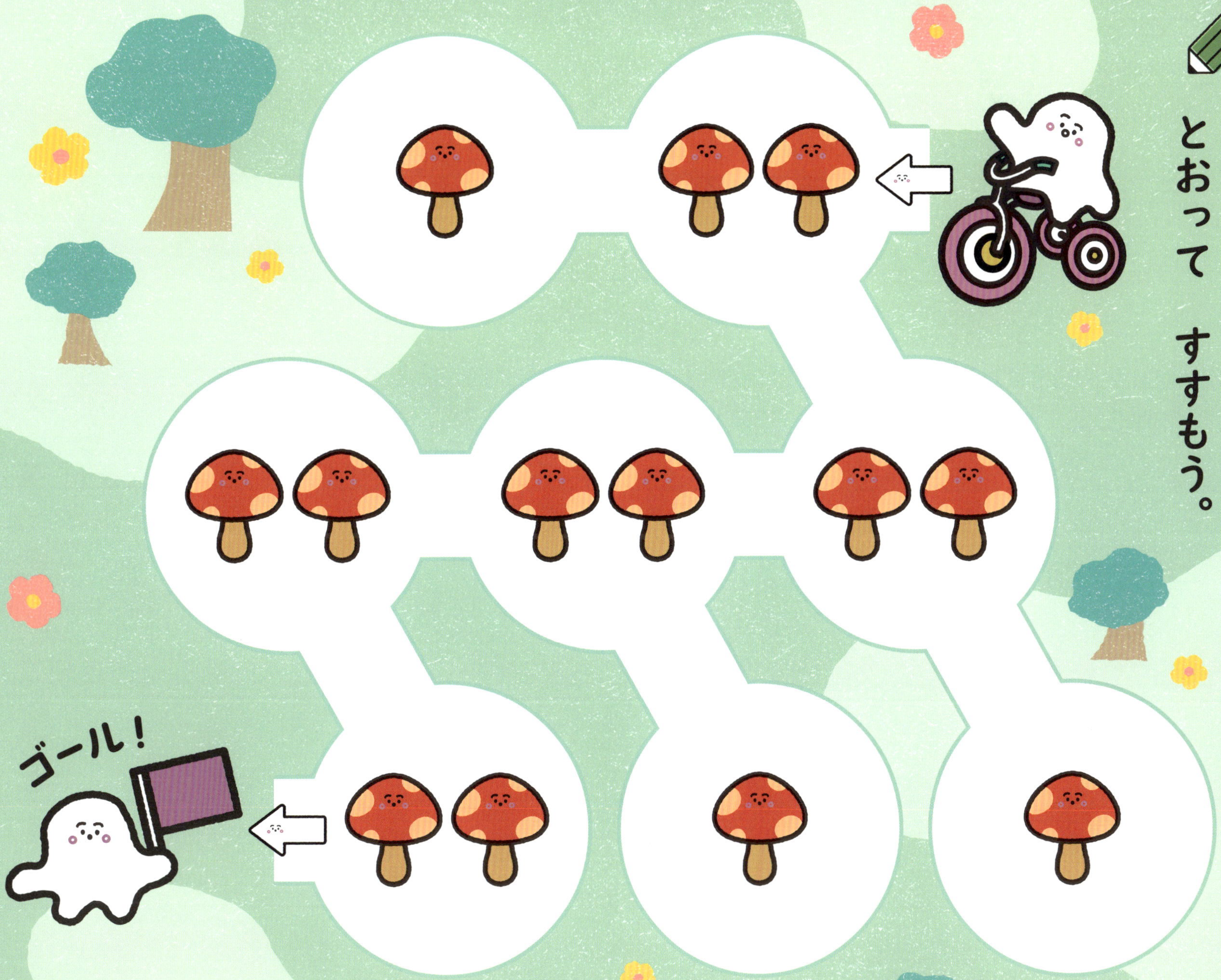

シールを
はってね

しゃぼんだまが　３つの　ところを
とおって　すすもう。

シールを
はってね

おなじ　かずの　ものどうしの
●と　★を　せんで　むすぼう。

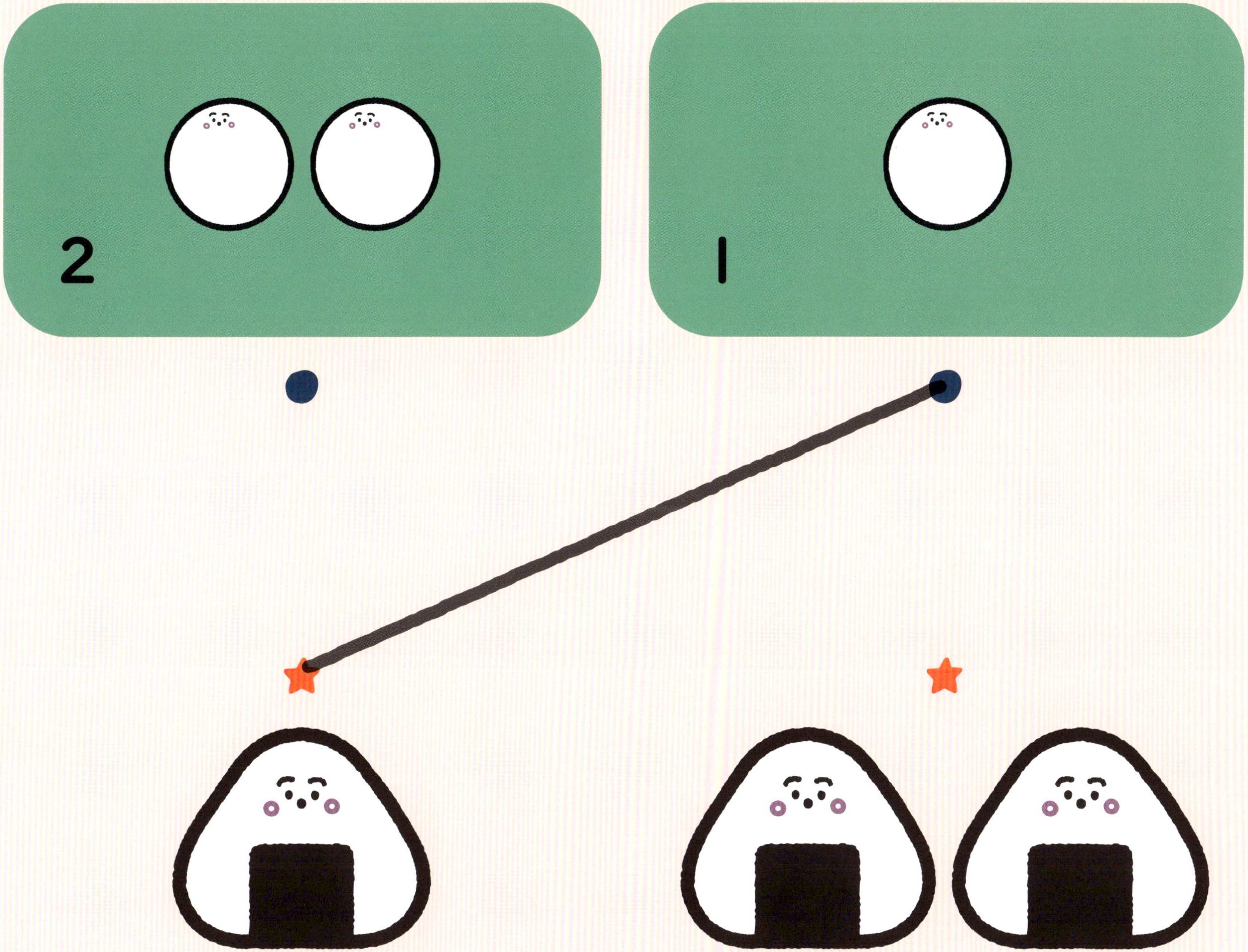

シールを
はってね

おなじ　かずの　ものどうしの
●と　★を　せんで　むすぼう。

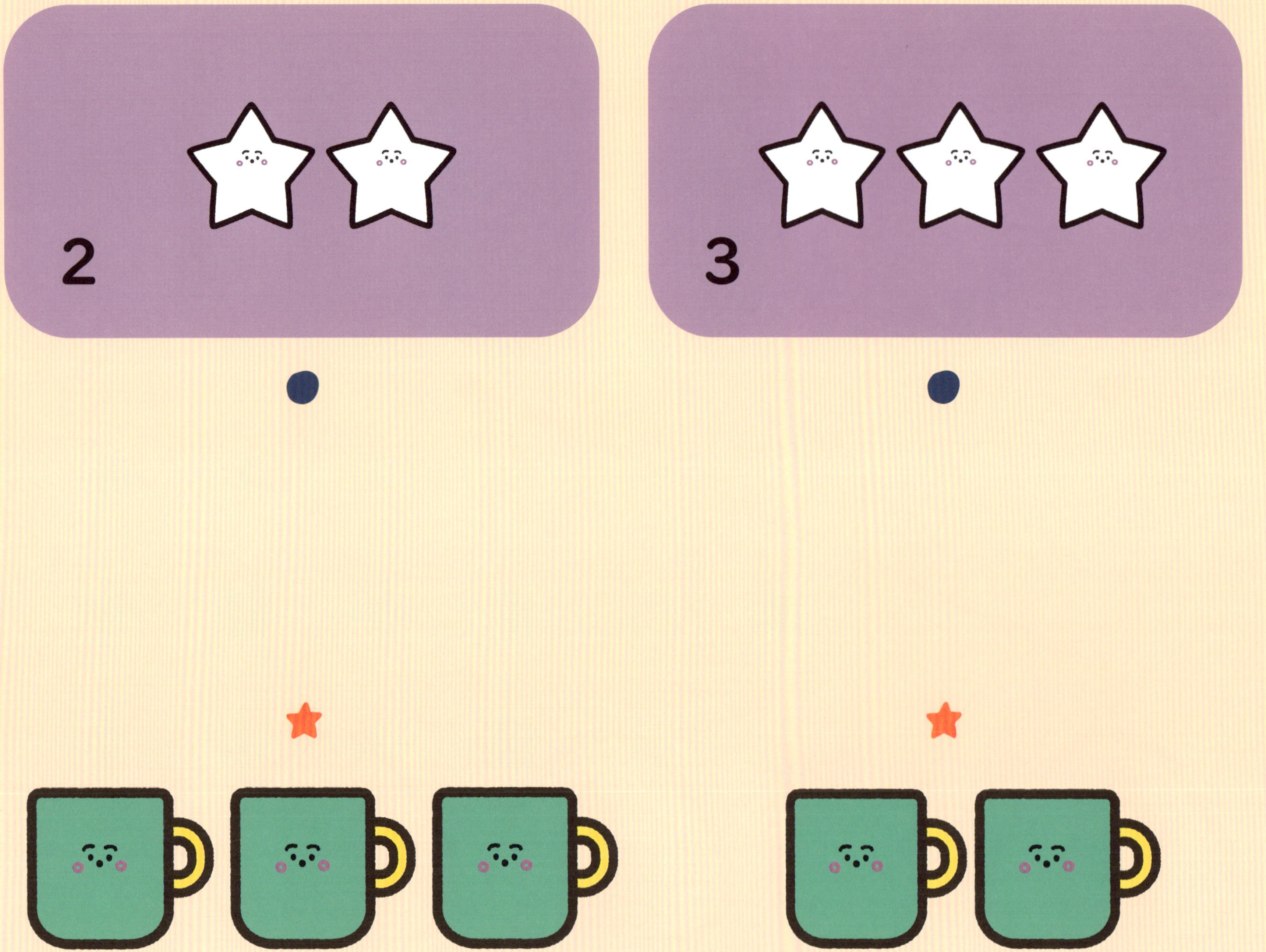

シールを
はってね

すうじの じゅんばんに
シールを はろう。

1	2	シールを はってね

シールを はってね

すうじの　じゅんばんに
シールを　はろう。

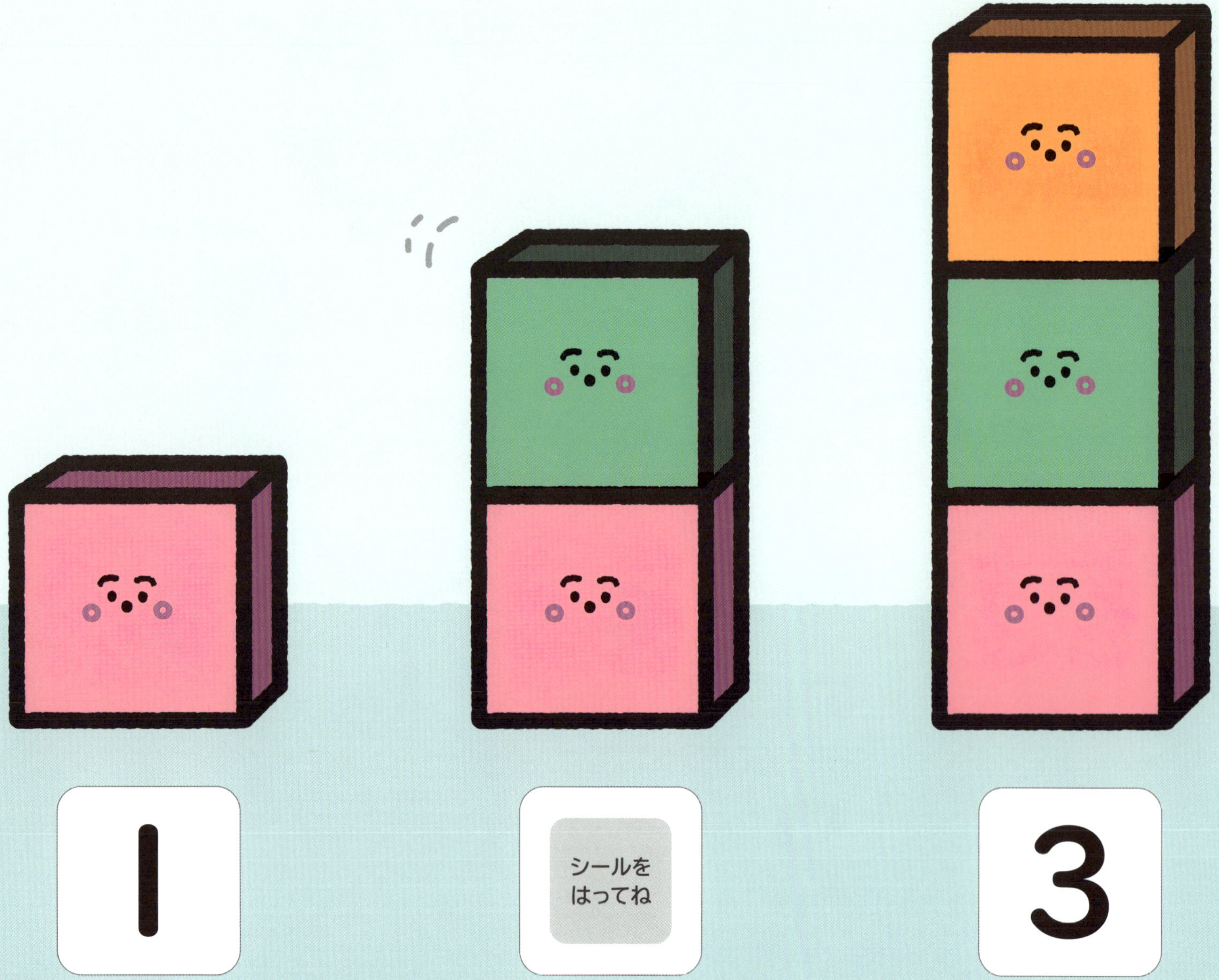

シールを
はってね

まちがいさがし

みぎと ひだりの えを みて
ちがう ところを ２つ さがそう。

シールを
はってね

みぎと　ひだりの　えを　みて
ちがう　ところを　３つ　さがそう。

シールを
はってね

4の　おべんきょう

いくつ　あるかな？
こえに　だして　かぞえよう。

4

シールを
はってね

うえと したの えを みて おおい ほうに ○を かこう。

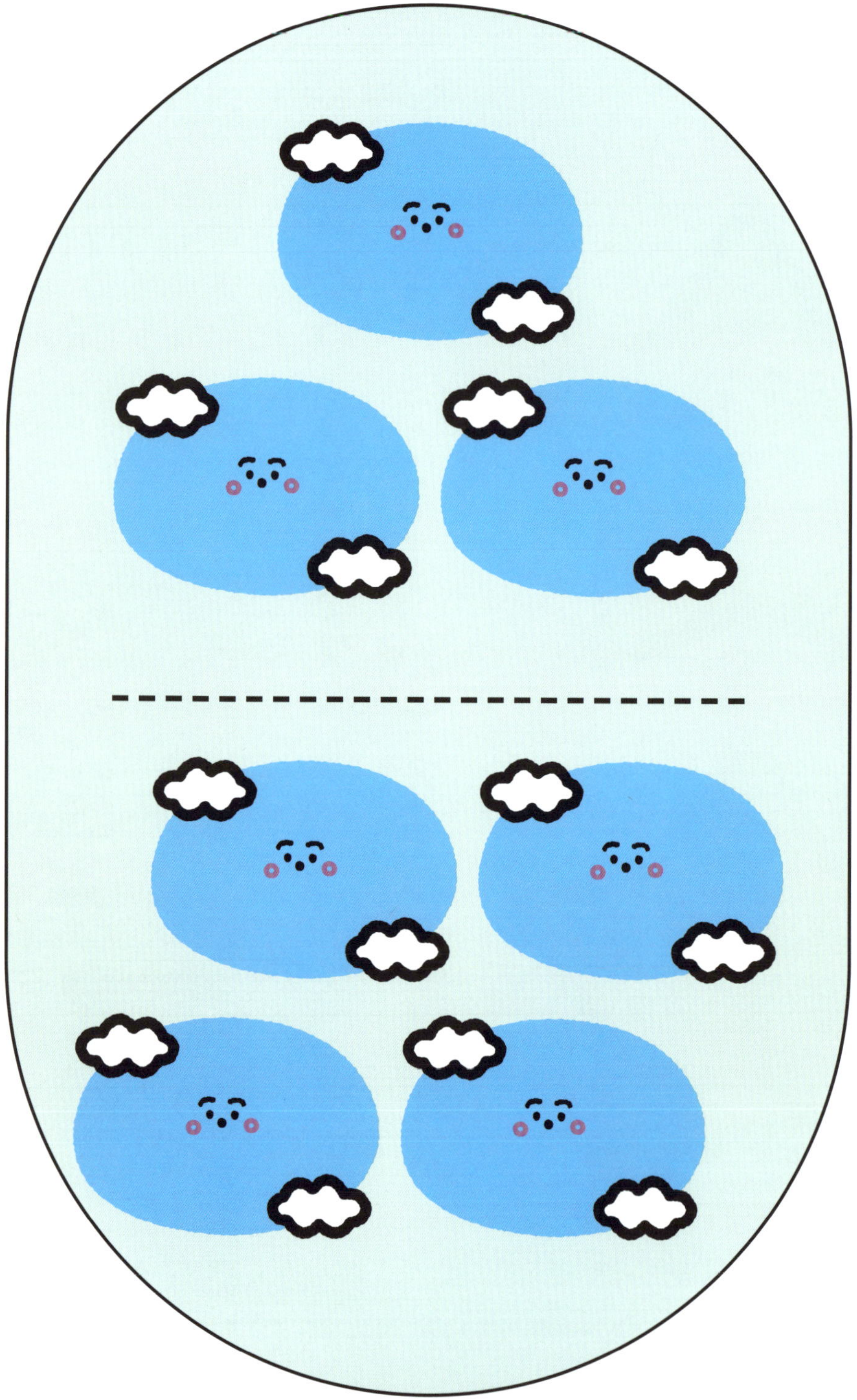

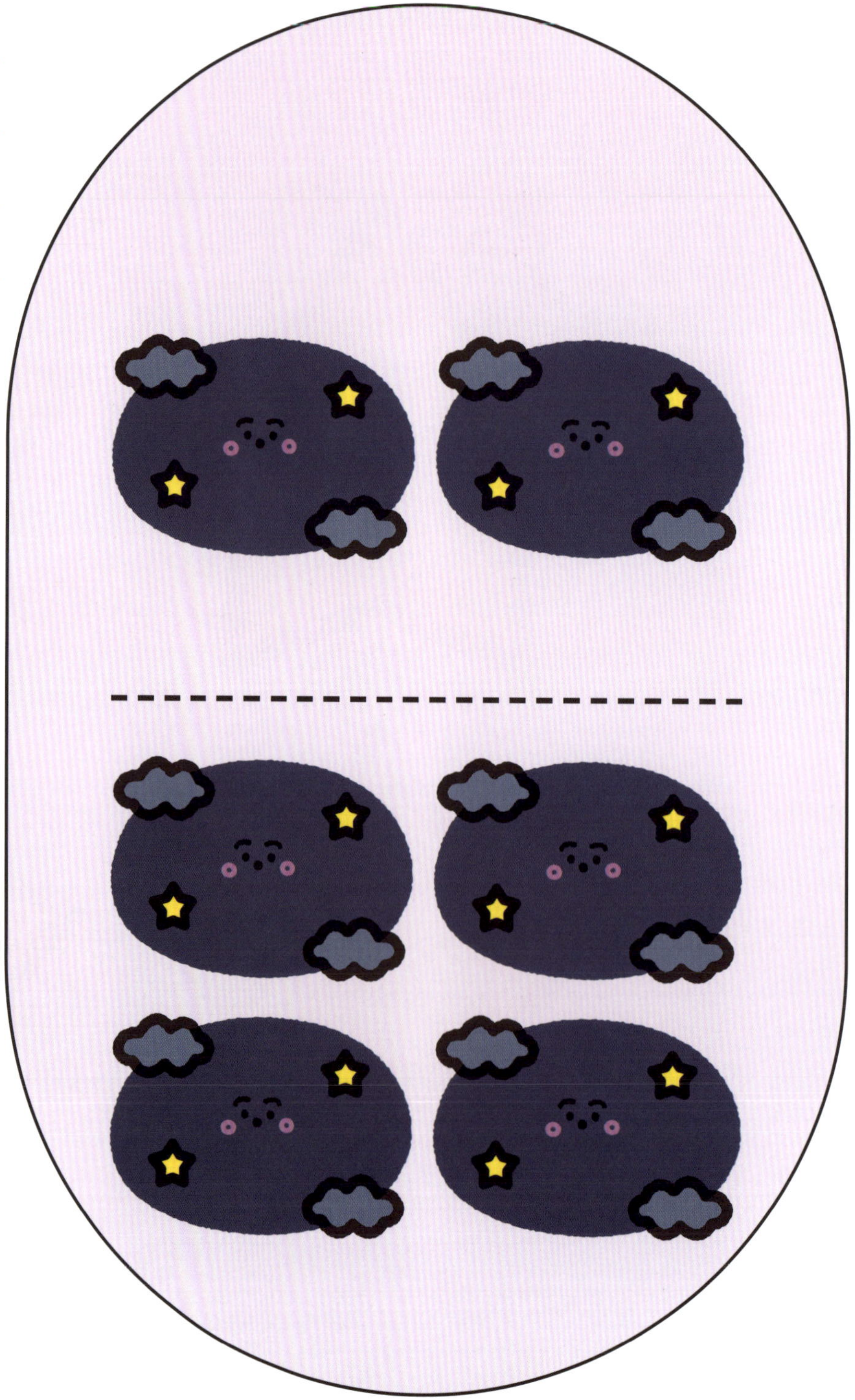

シールを はってね

5の おべんきょう

いくつ あるかな?
こえに だして かぞえよう。

5

シールを
はってね

うえと　したの　えを　みて
おおい　ほうに　○を　かこう。

シールを
はってね

「1」～「5」の おべんきょう

シールを はってね

どんぐりを 2つずつに わけて せんで かこもう。

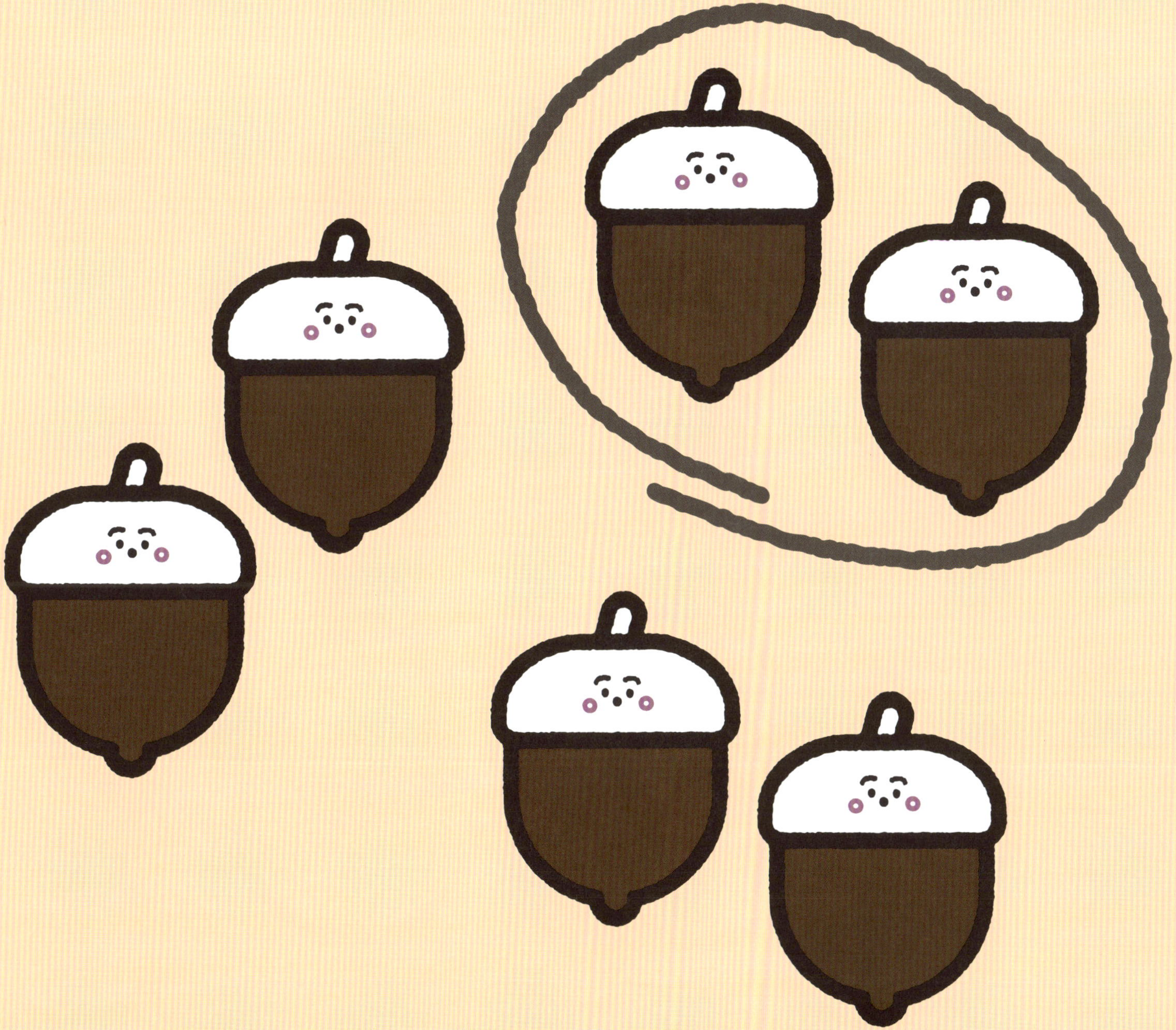

ゆきだるまを　3つずつに　わけて
せんで　かこもう。

シールを
はってね

あめを　4つずつに　わけて
せんで　かこもう。

シールを
はってね

いすを　５つずつに　わけて
せんで　かこもう。

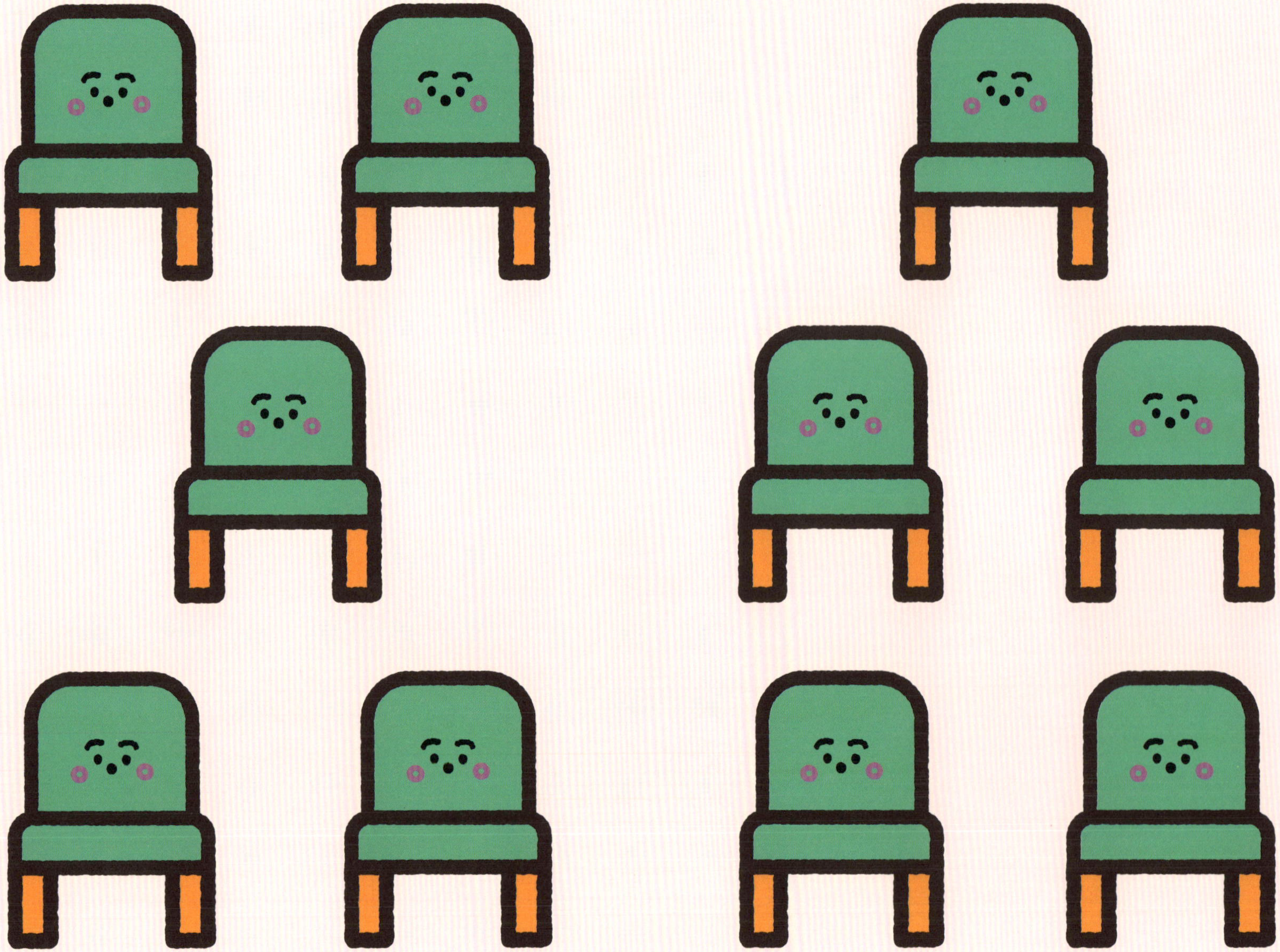

シールを
はってね

おなじ　かずの　ものどうしの
●と　★を　せんで　むすぼう。

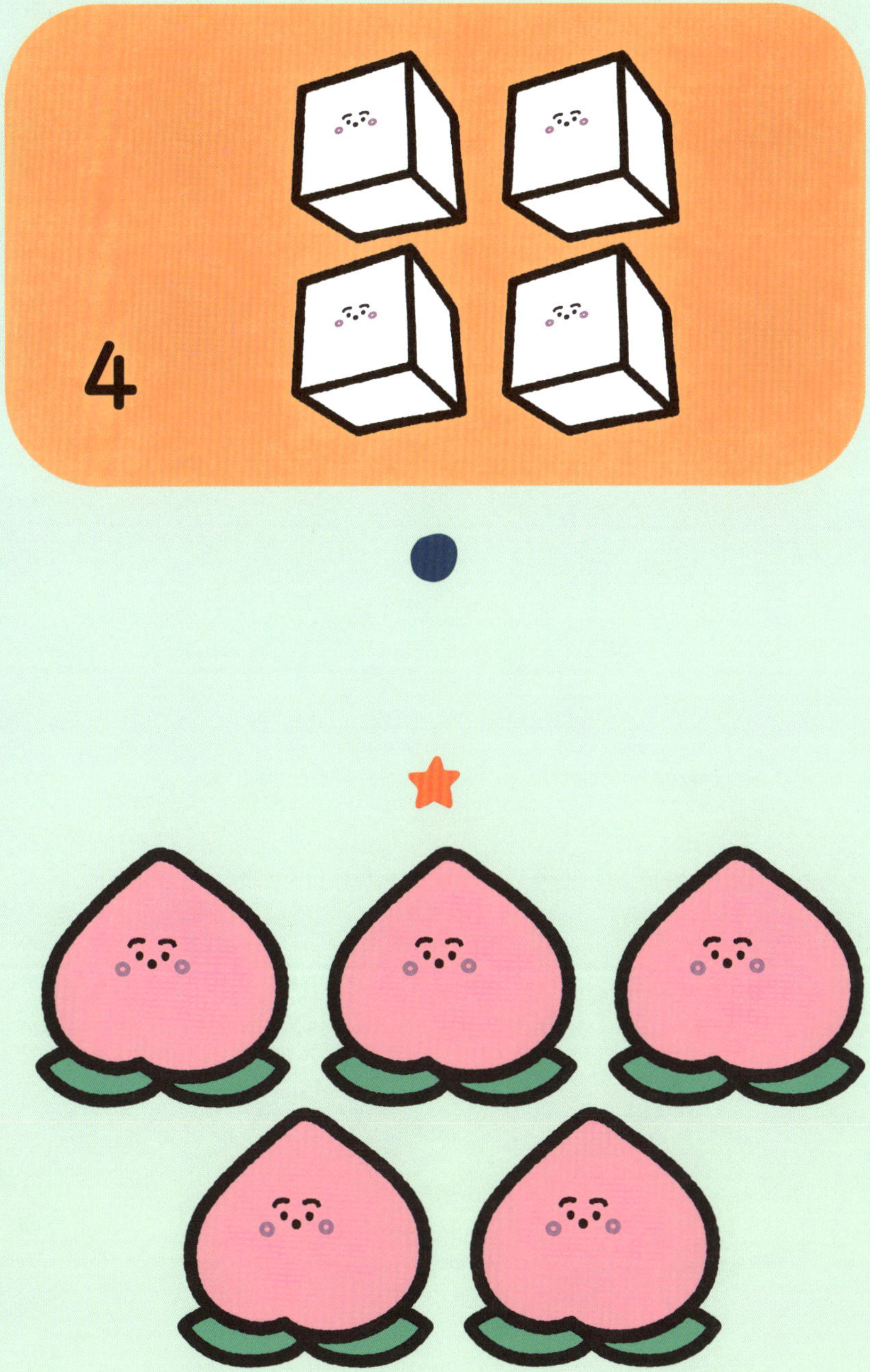

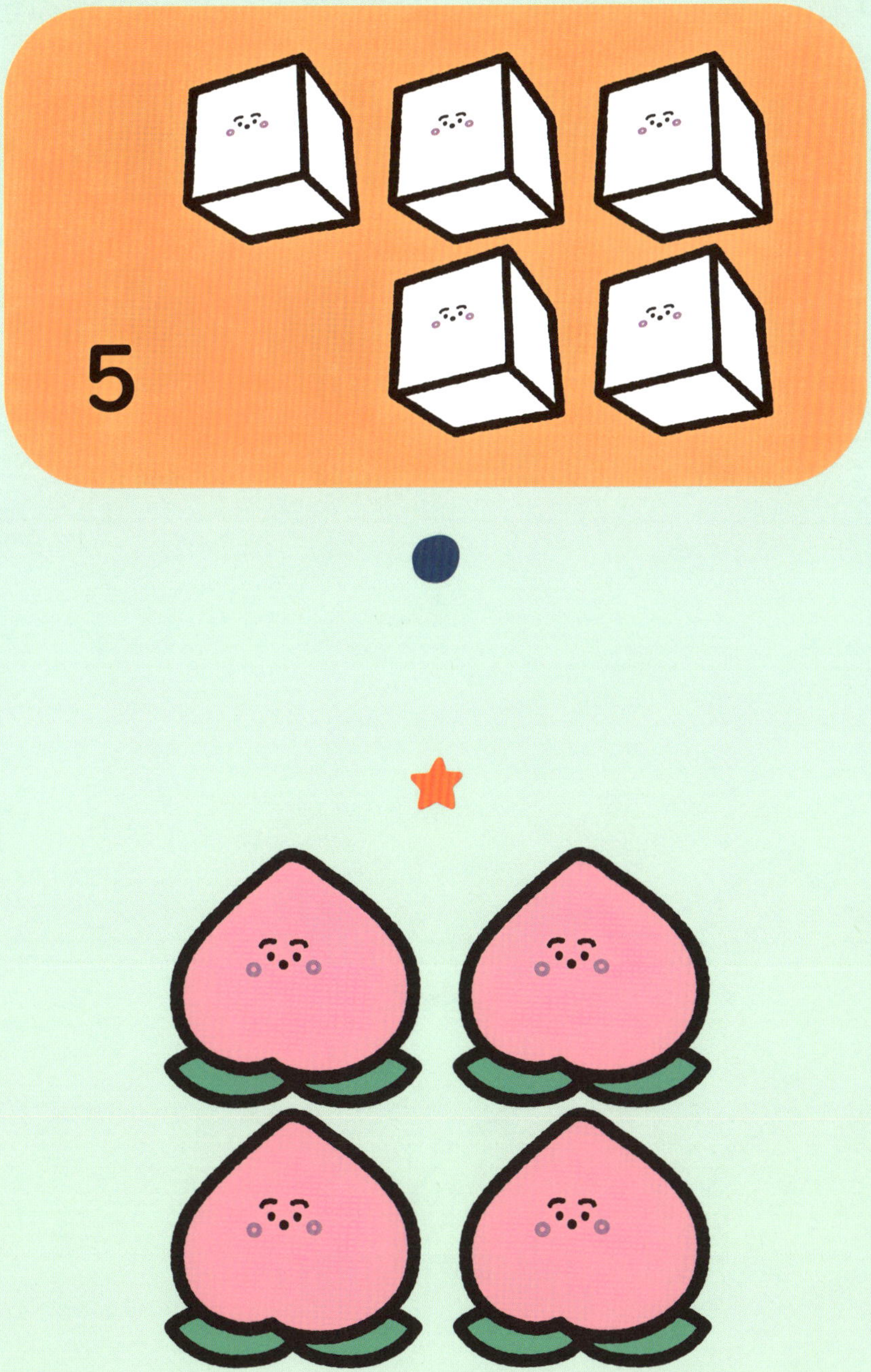

シールを
はってね

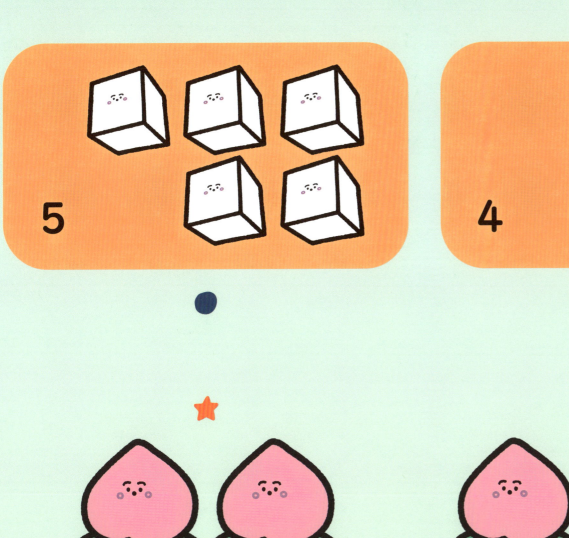

おなじ　かずの　ものどうしの
●と　★を　せんで　むすぼう。

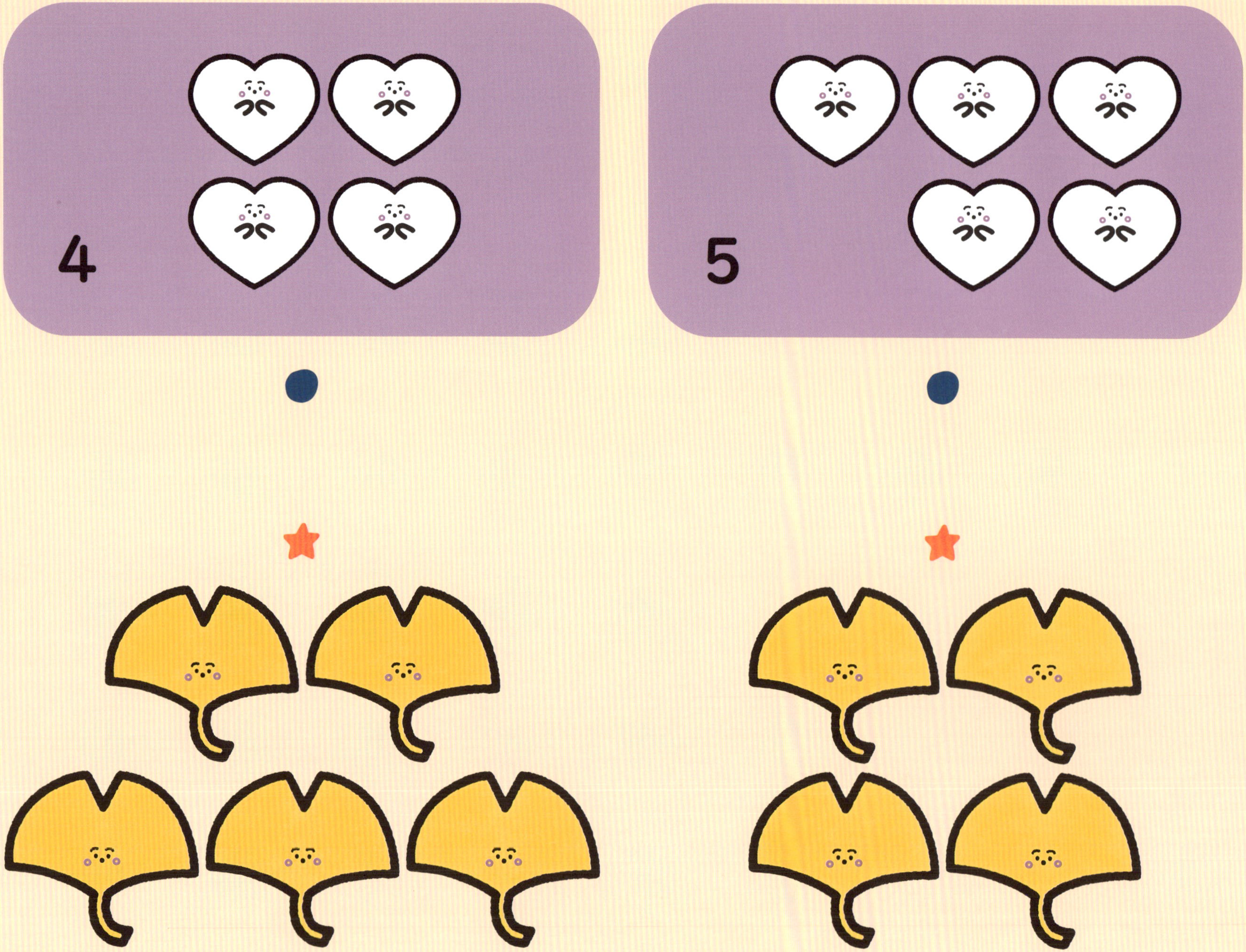

シールを
はってね

6の おべんきょう

いくつ あるかな？
こえに だして かぞえよう。

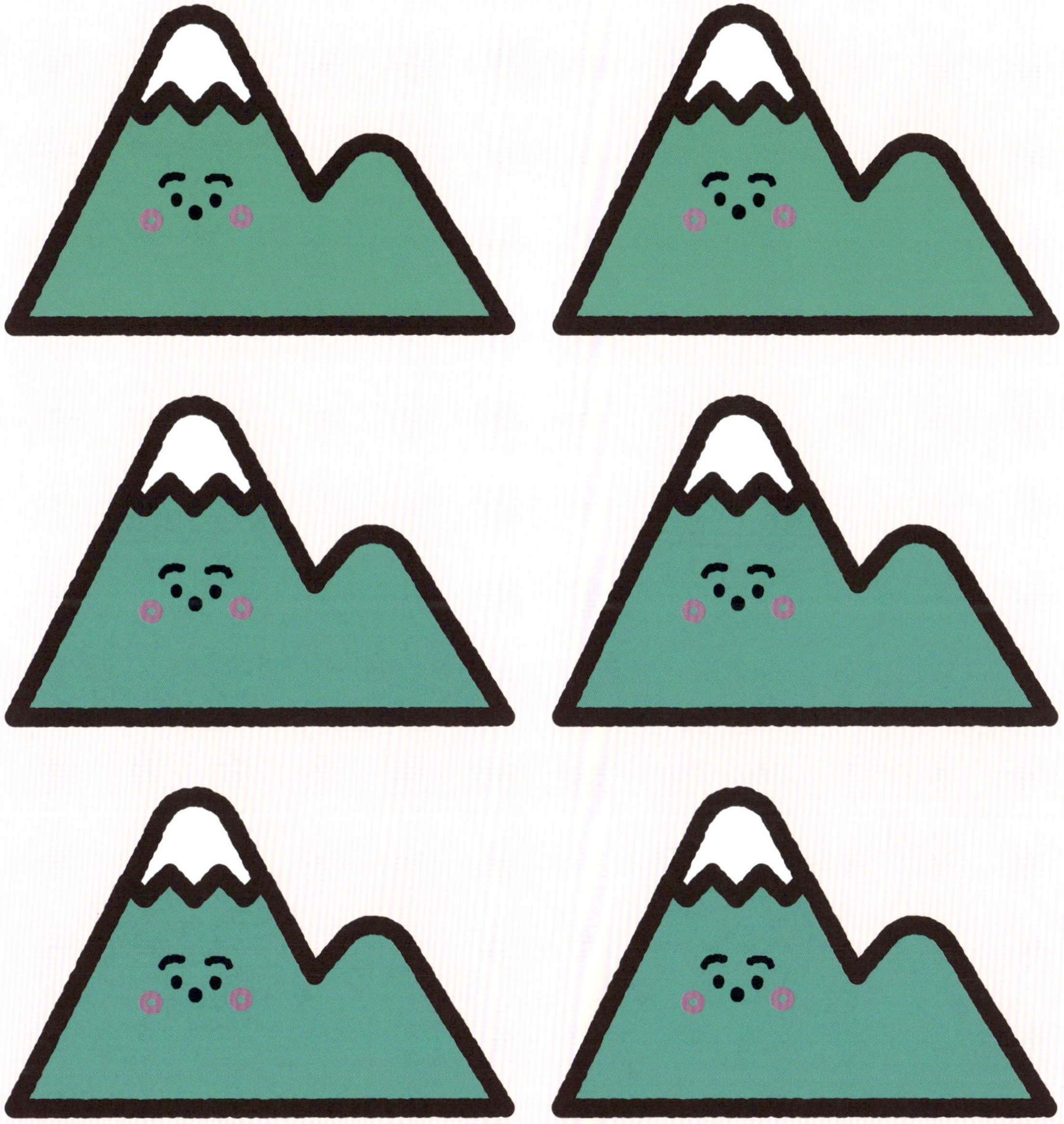

6

シールを
はってね

うえと したの えを みて
おおい ほうに ○を かこう。

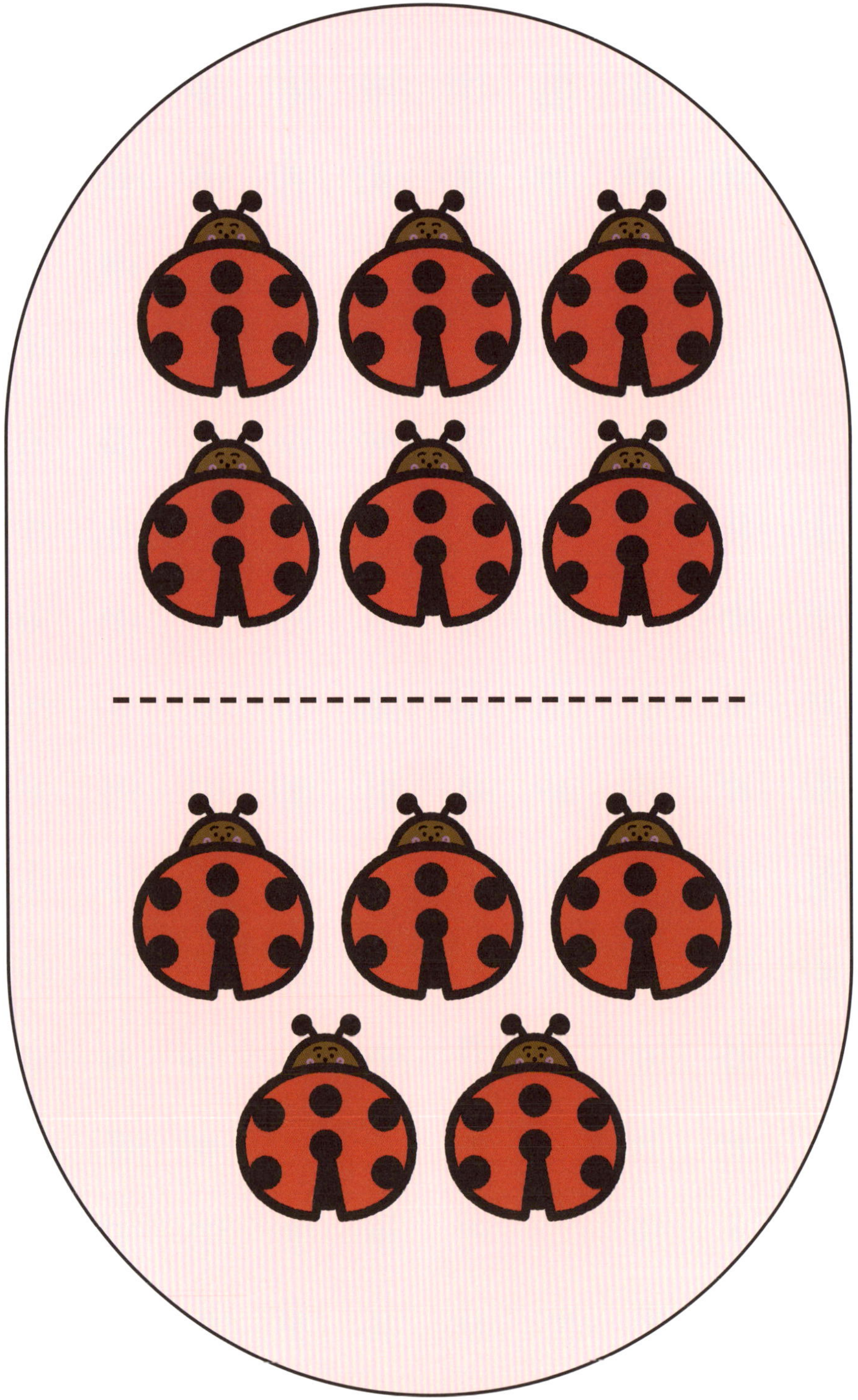

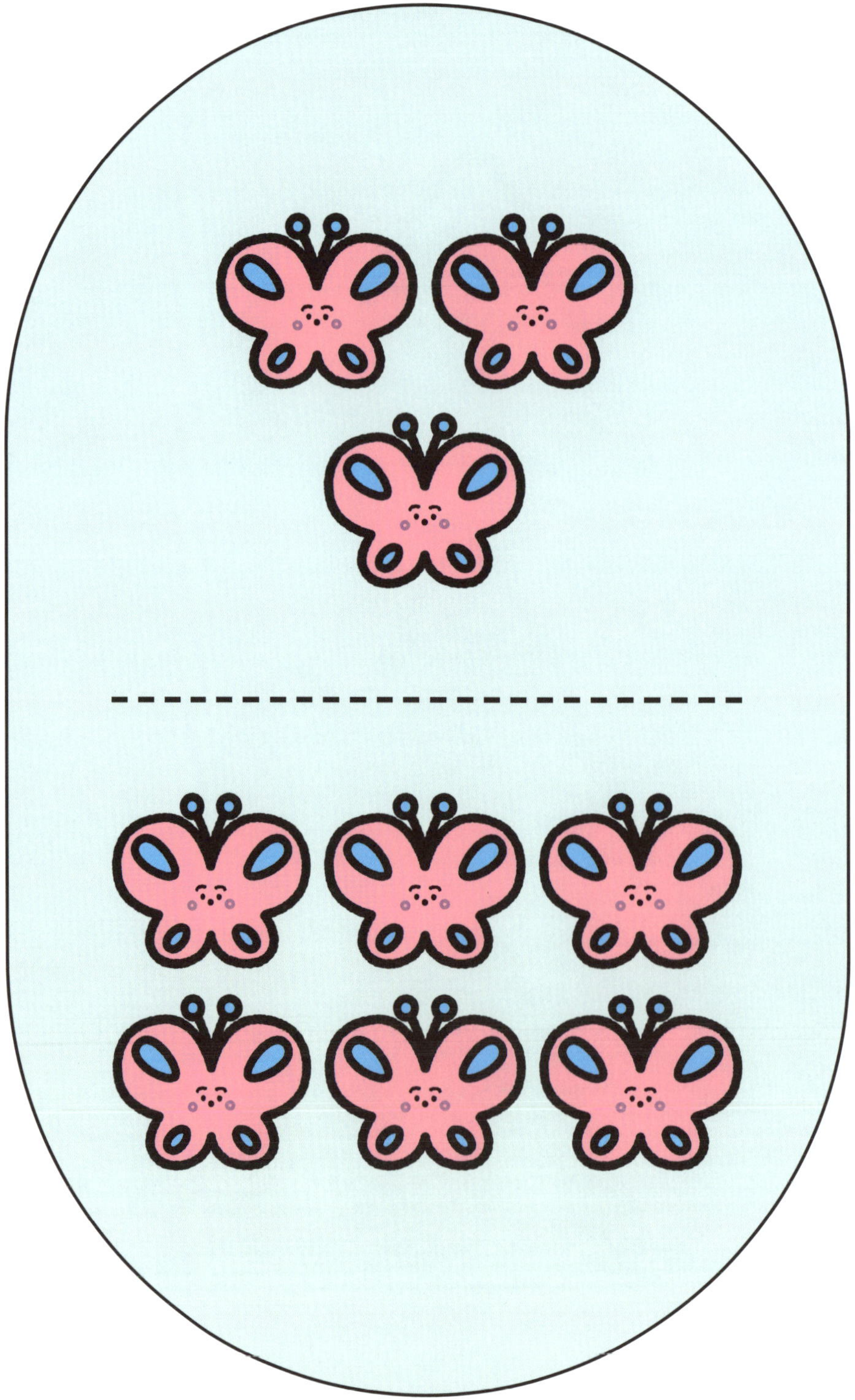

シールを
はってね

7の おべんきょう

いくつ あるかな?
こえに だして かぞえよう。

7

シールを
はってね

うえと　したの　えを　みて
おおい　ほうに　○を　かこう。

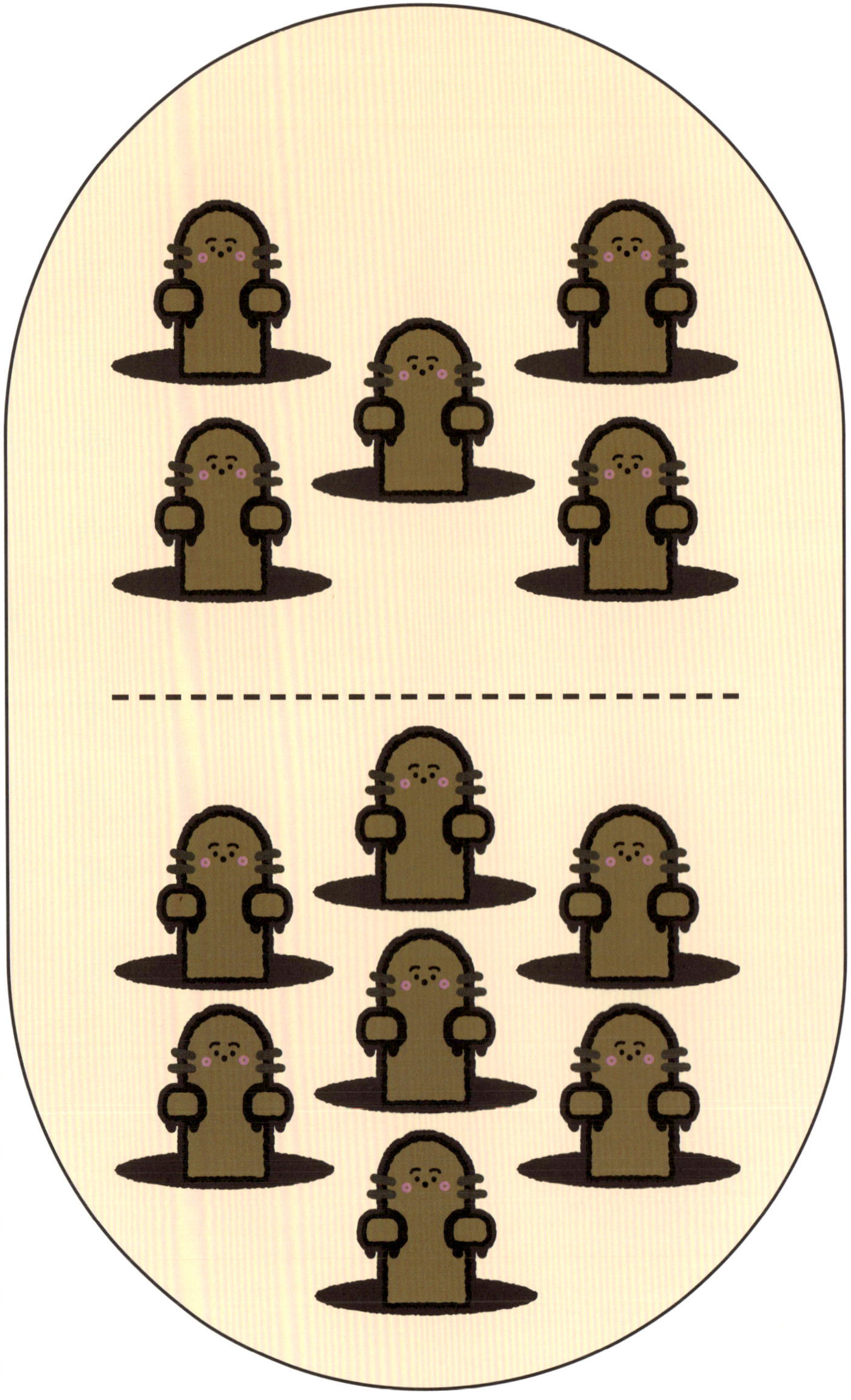

シールを
はってね

8の おべんきょう

いくつ あるかな？
こえに だして かぞえよう。

8

シールを
はってね

うえと したの えを みて
おおい ほうに ○を かこう。

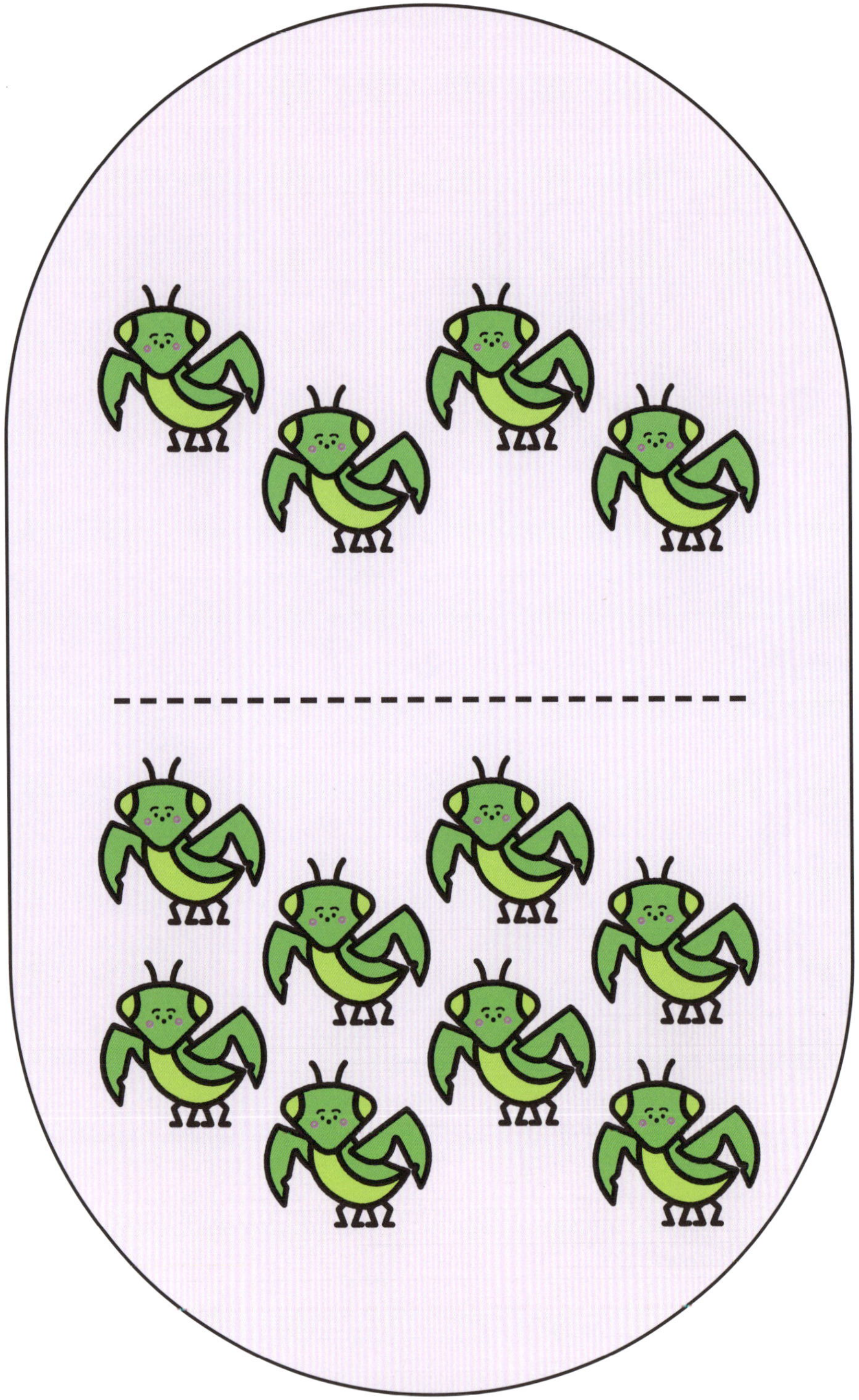

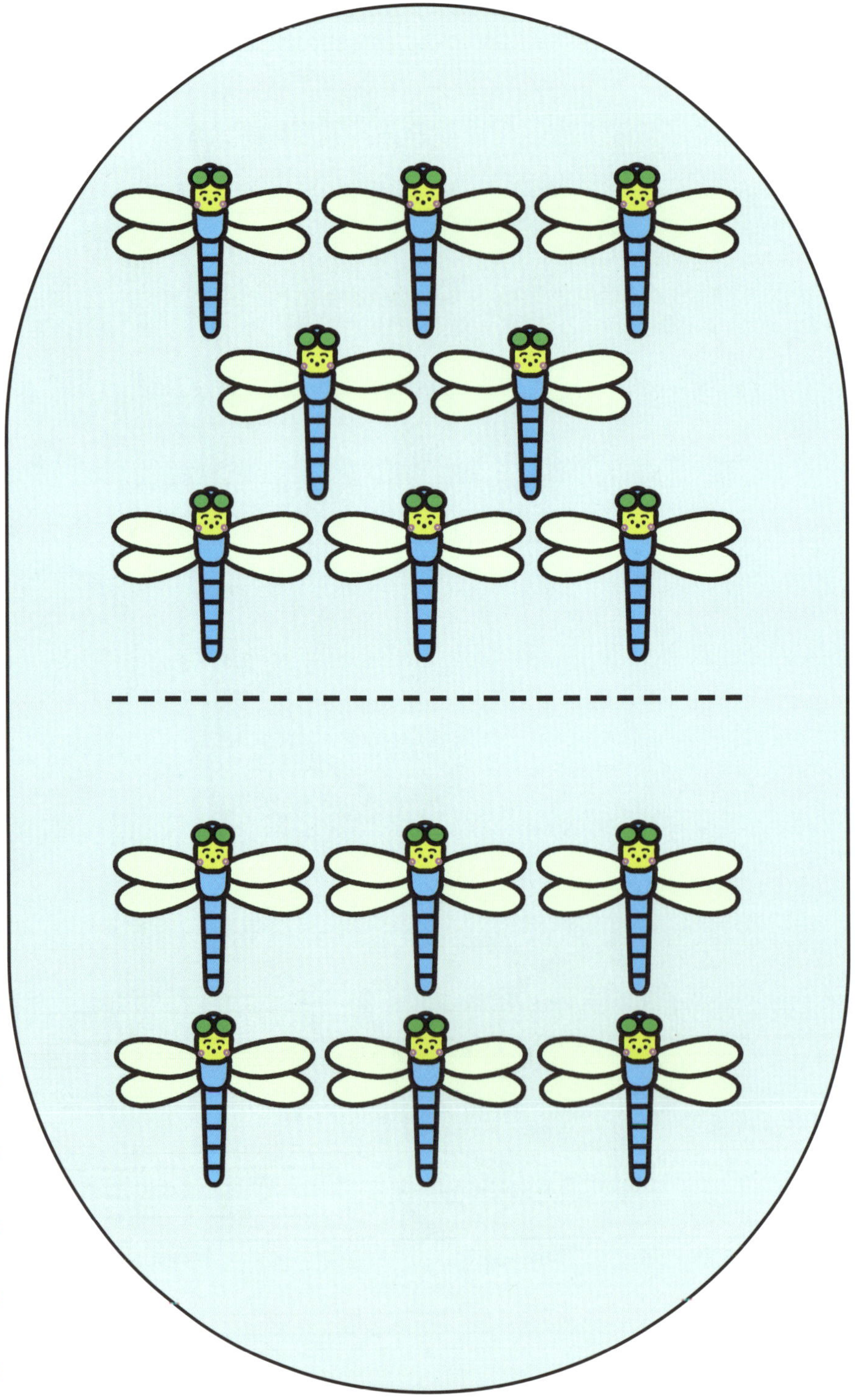

シールを
はってね

「1」～「8」の おべんきょう

くもが 5つの ところを とおって すすもう。

シールを
はってね

ゆきが　6つの　ところを
とおって　すすもう。

シールを
はってね

おなじ　かずの　ものどうしの
●と★を　せんで　むすぼう。

7

6

●　●

★　★

シールを
はってね

おなじ　かずの　ものどうしの
●と★を　せんで　むすぼう。

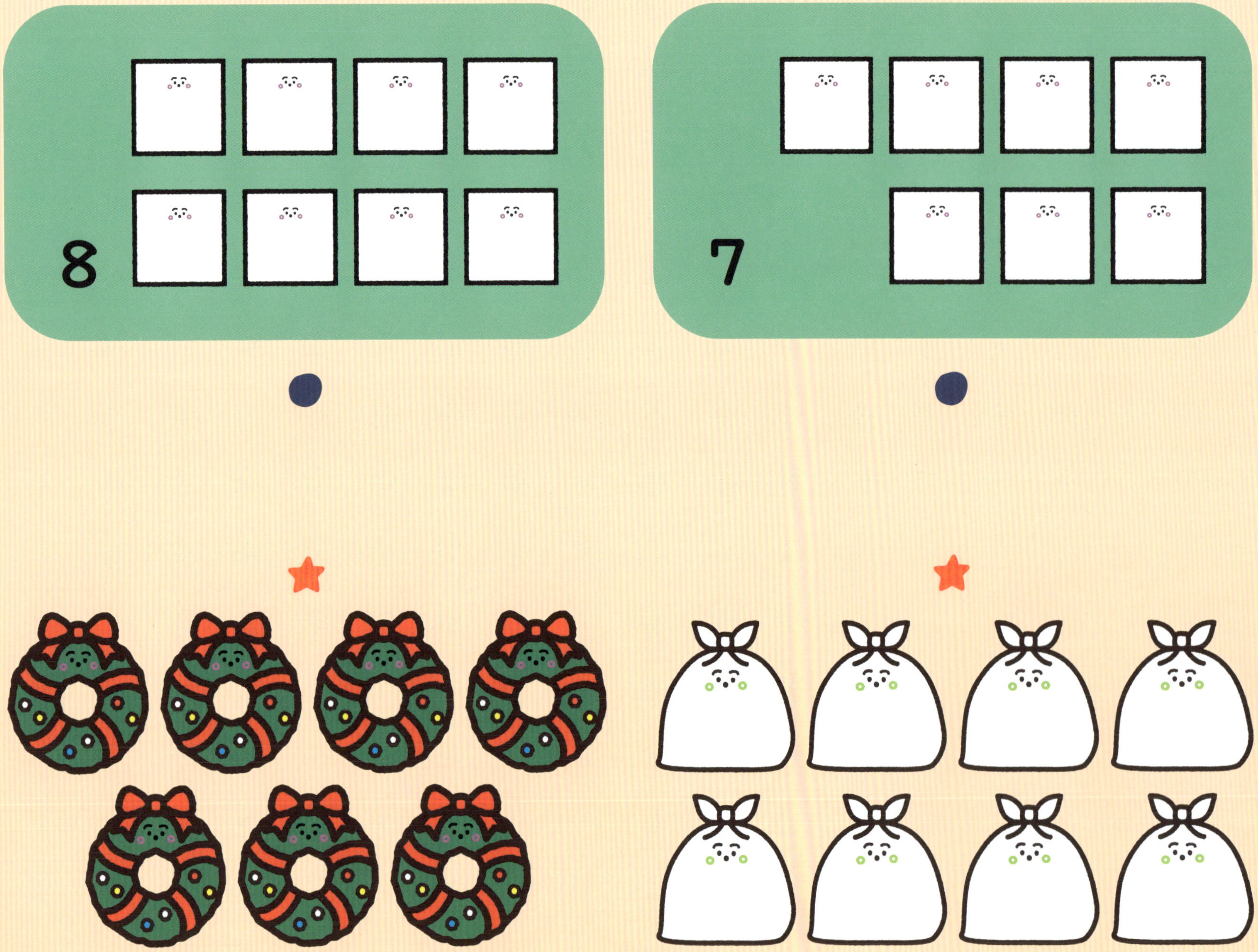

シールを
はってね

ぬりえ

すきな　いろで　ぬろう。

シールを
はってね

すきな　いろで　ぬろう。

シールを
はってね

9の おべんきょう

いくつ あるかな?
こえに だして かぞえよう。

9

シールを
はってね

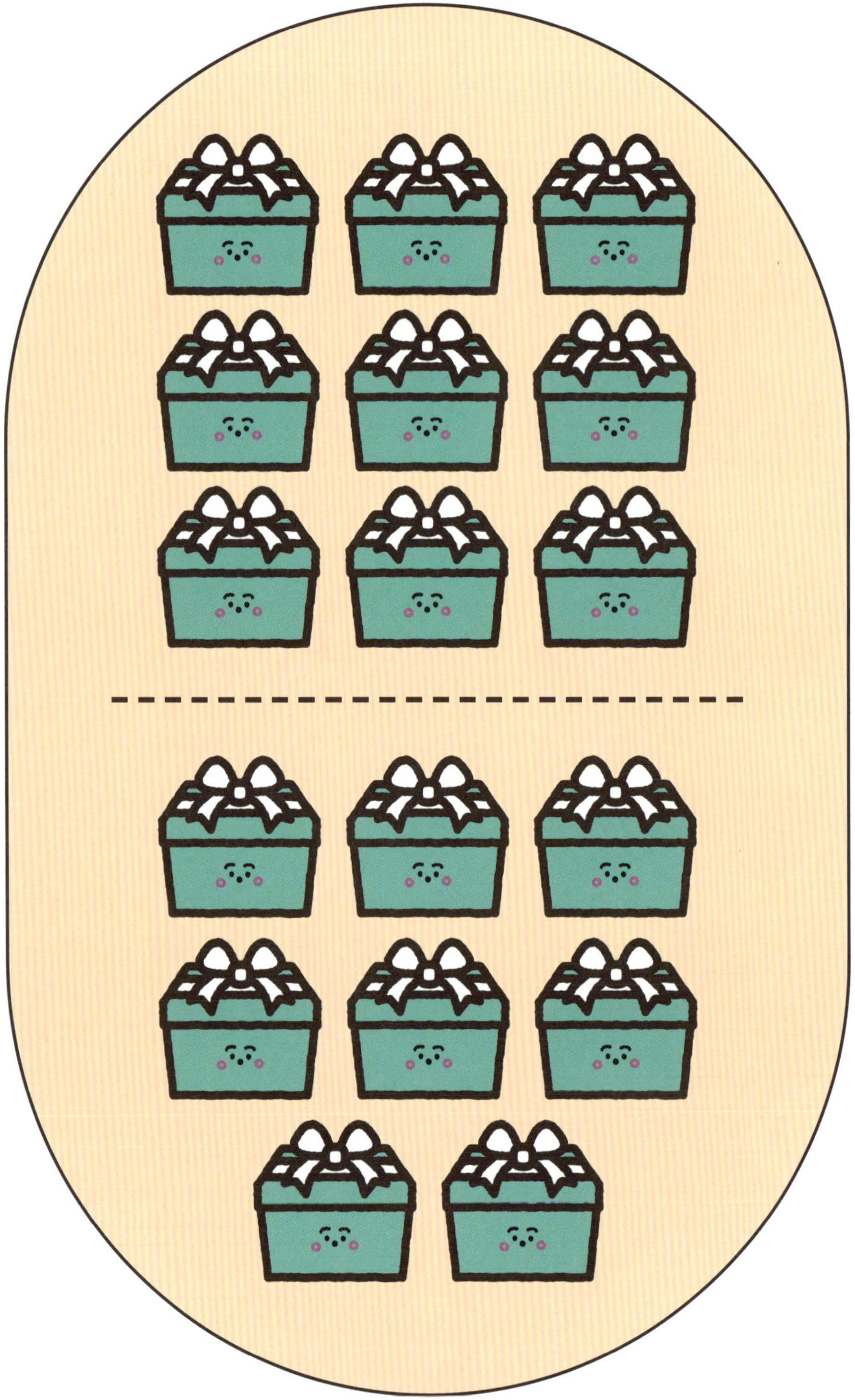

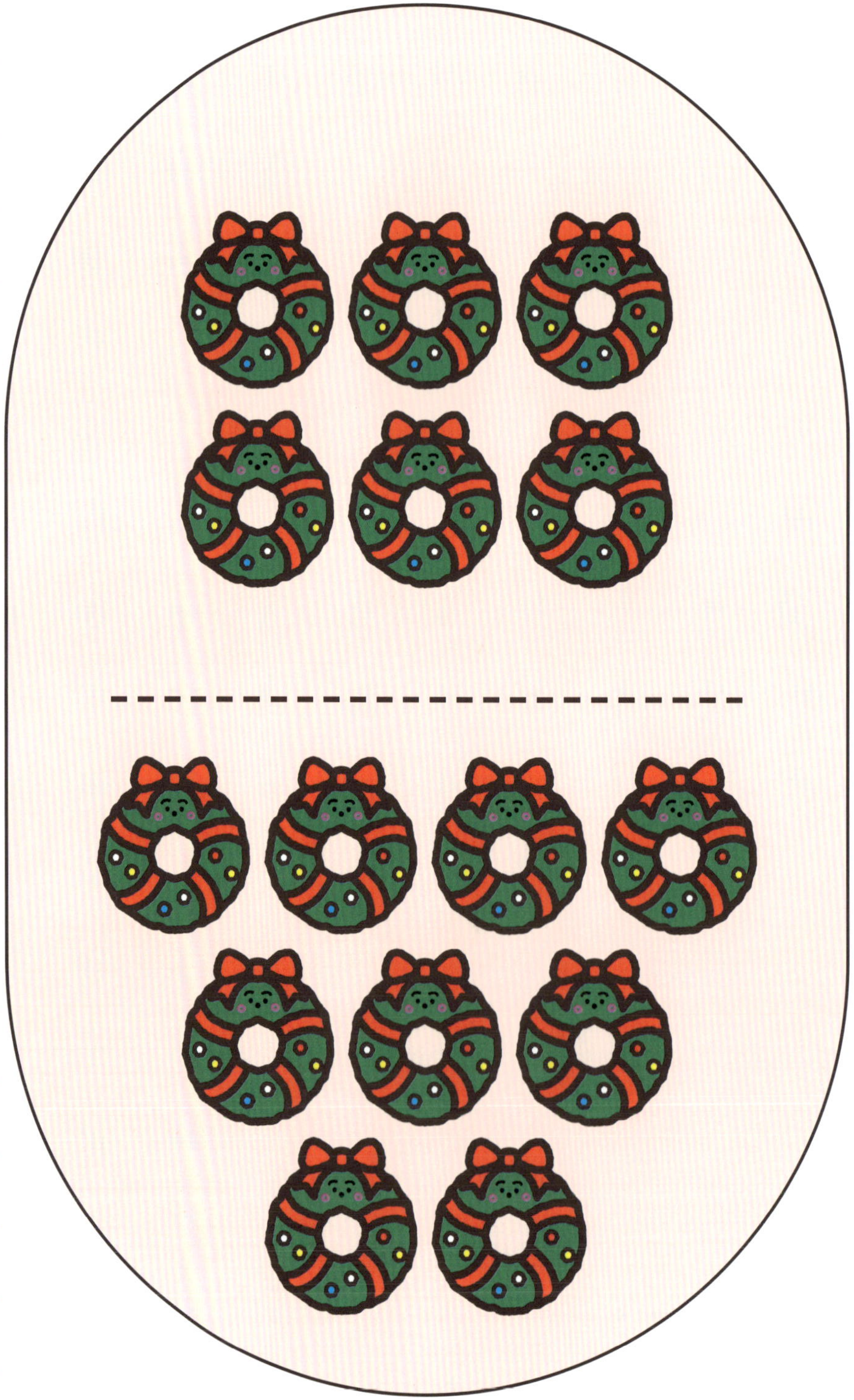

うえと したの えを みて
おおい ほうに ○を かこう。

シールを
はってね

10のおべんきょう

いくつ　あるかな？
こえに　だして　かぞえよう。

10

シールを
はってね

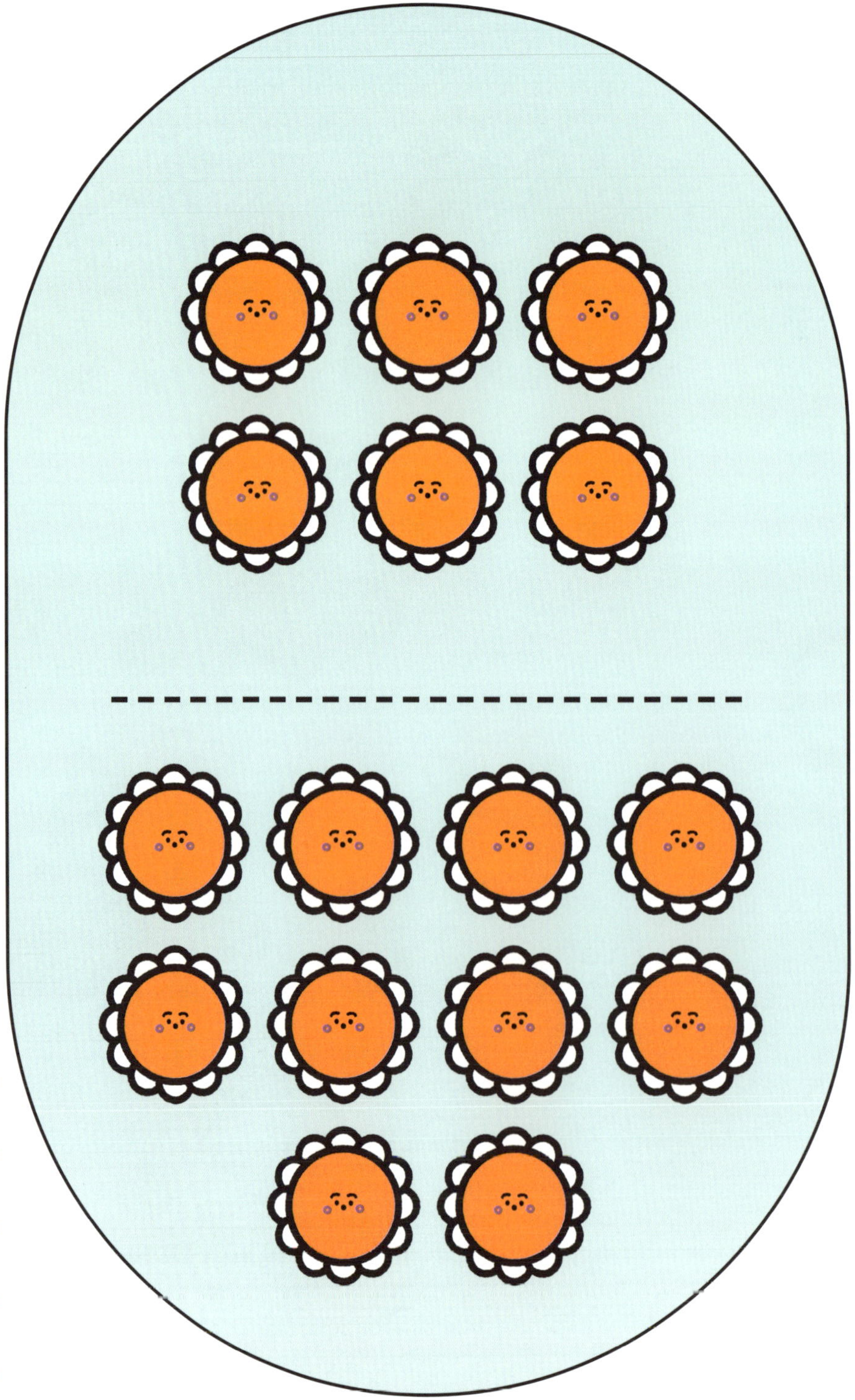

うえと　したの　えを　みて
おおい　ほうに　○を　かこう。

シールを
はってね

「1」~「10」の おべんきょう

シールを はってね

おなじ かずの ものどうしの
●と ★を せんで むすぼう。

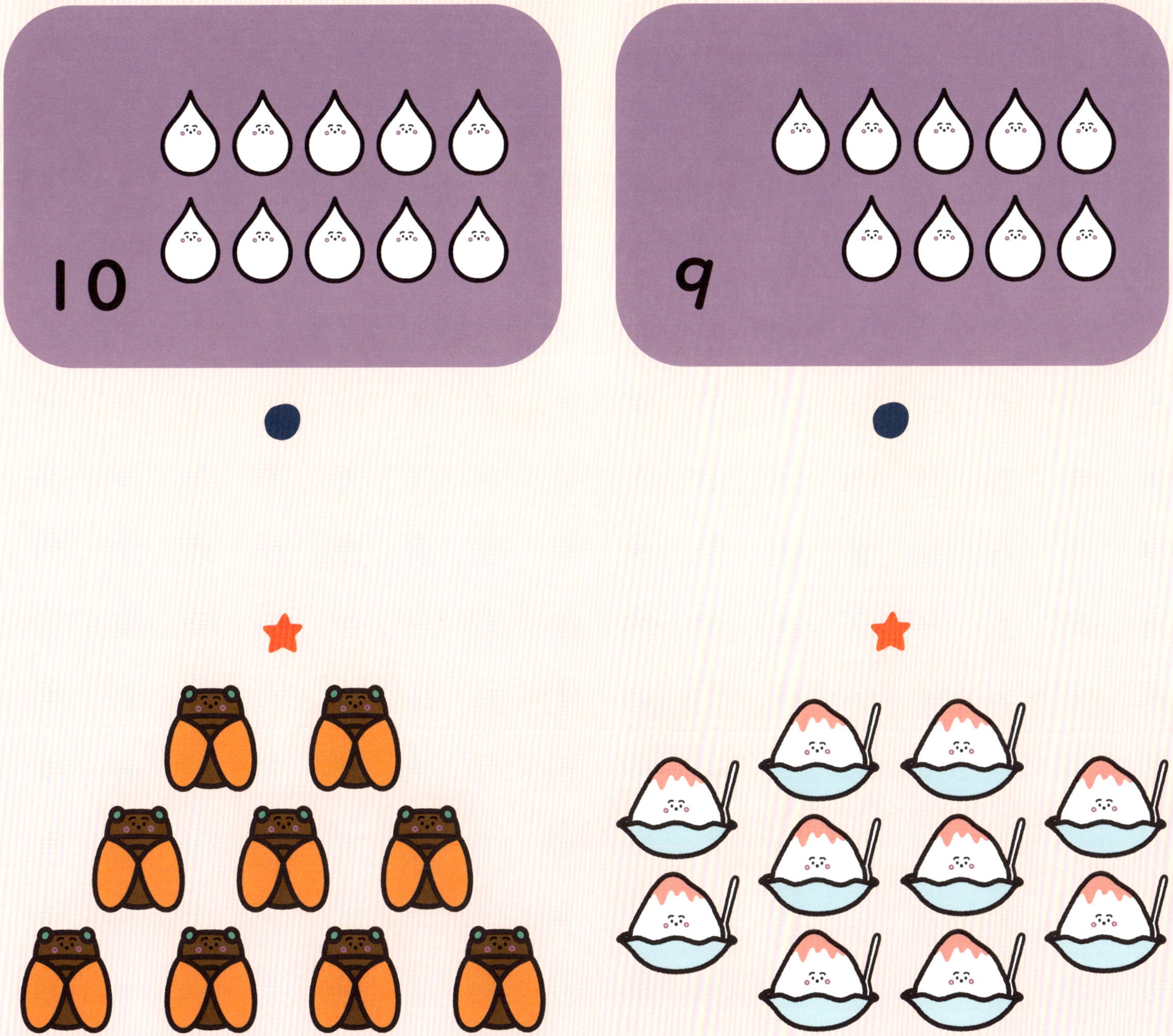

おなじ　かずの　ものどうしの
●と ★を　せんで　むすぼう。

シールを
はってね

すうじの　じゅんばんに
シールを　はろう。

すうじの じゅんばんに
シールを はろう。

シールを
はってね

すうじの じゅんばんに
シールを はろう。

すうじの じゅんばんに
シールを はろう。

シールを
はってね

おなじ　かずどうしの
●と　★を　せんで　むすぼう。

2　　6　　1

●　　●　　●

★　　★　　★

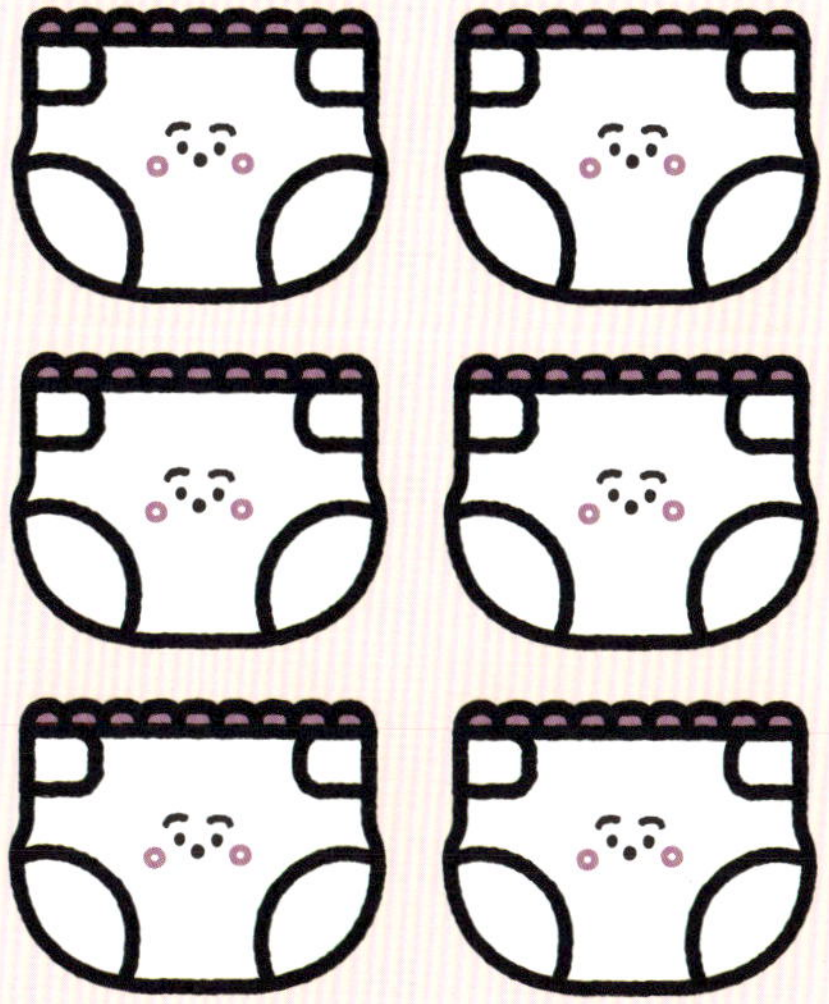

シールを
はってね

おなじ　かずどうしの
●と　★を　せんで　むすぼう。

7　4　3

●　●　●

★　★　★

シールを
はってね

おなじ かずどうしの
●と★を せんで むすぼう。

9　　8　　5

●　　●　　●

★　　★　　★

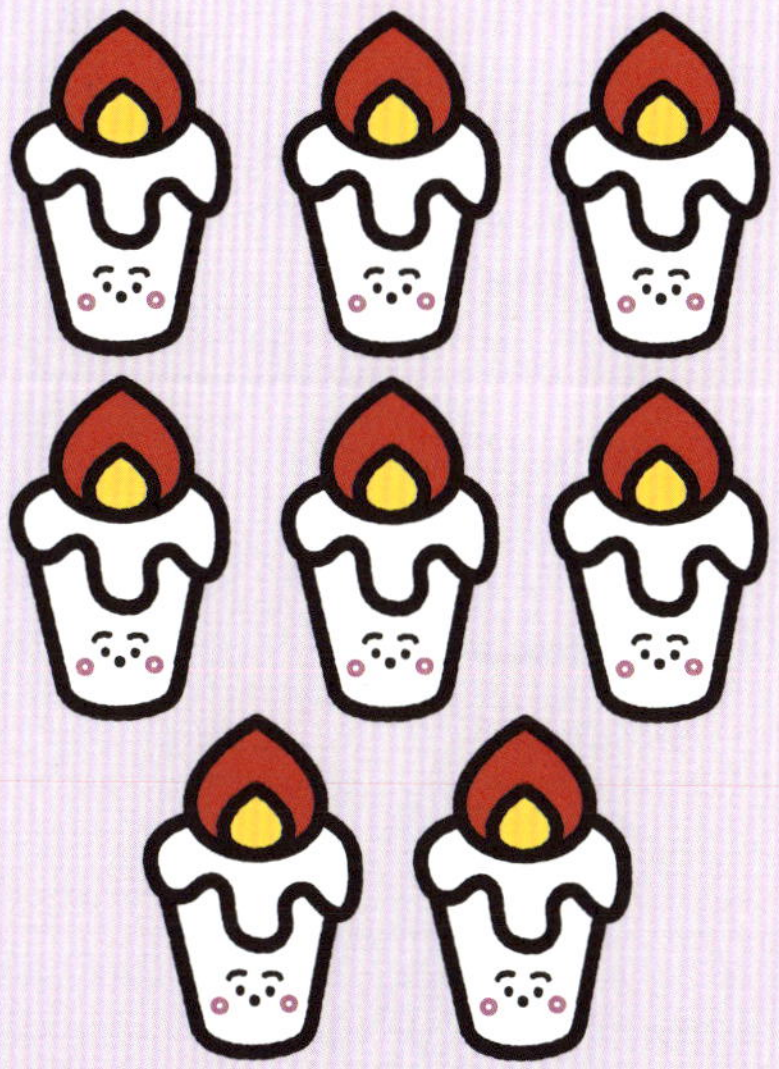

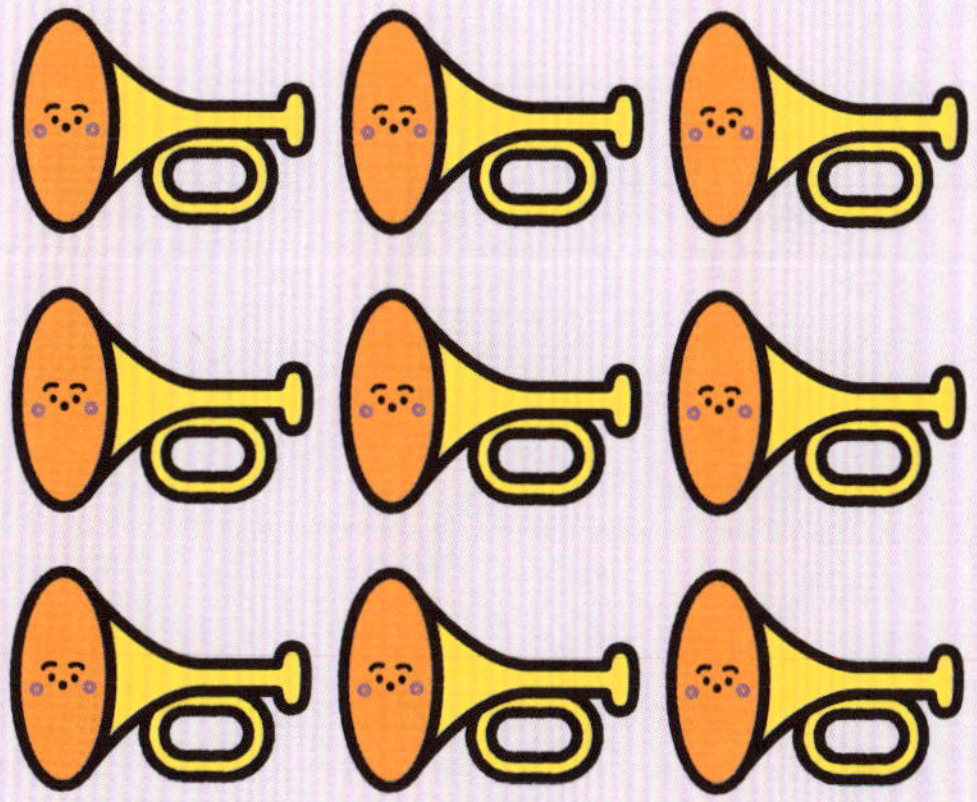

シールを
はってね

おなじ　かずどうしの
●と★を　せんで　むすぼう。

10　●　★

6　●　★

3　●　★

シールを
はってね

こたえ

p.7

p.8

p.9

p.10

p.12

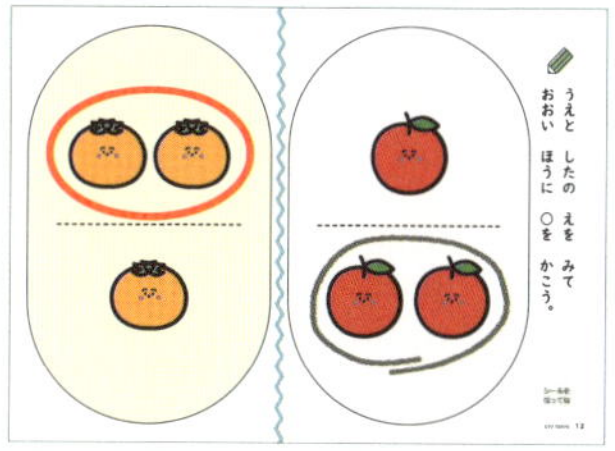

p.14

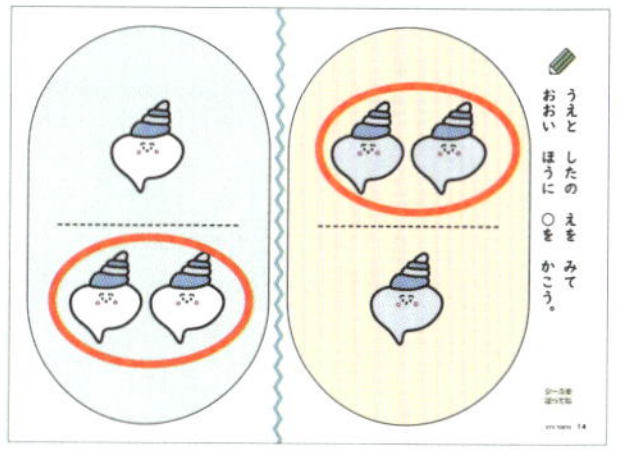

p.16

p.17

p.18

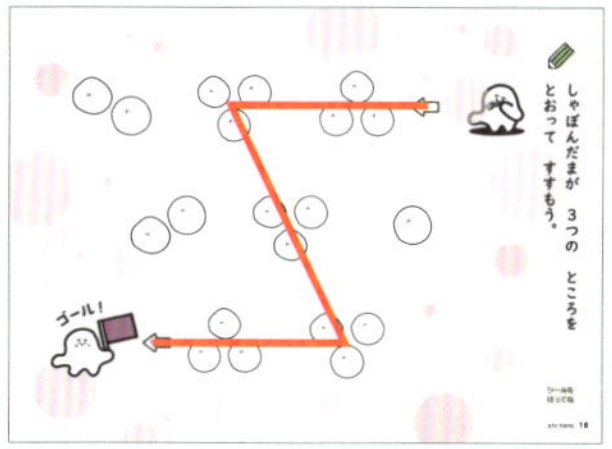

p.19

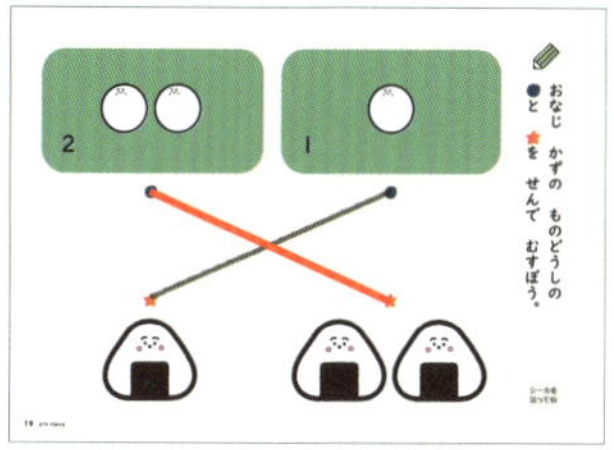

p.20

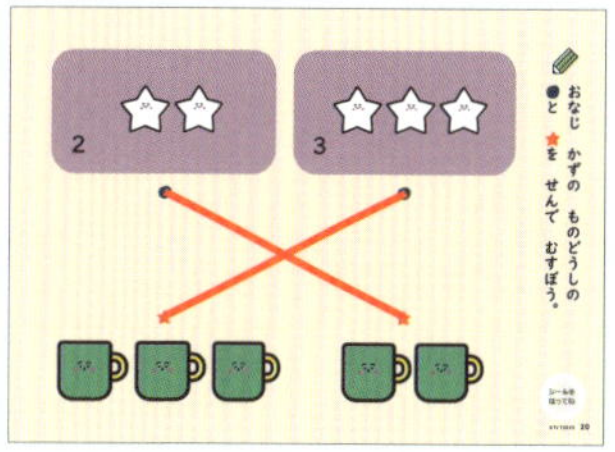

p.21

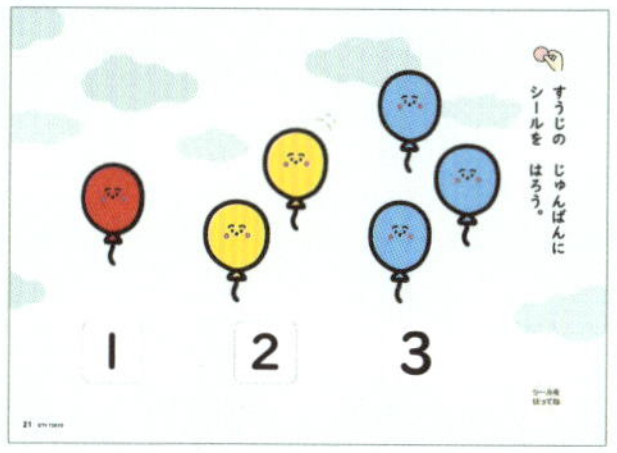

p.22

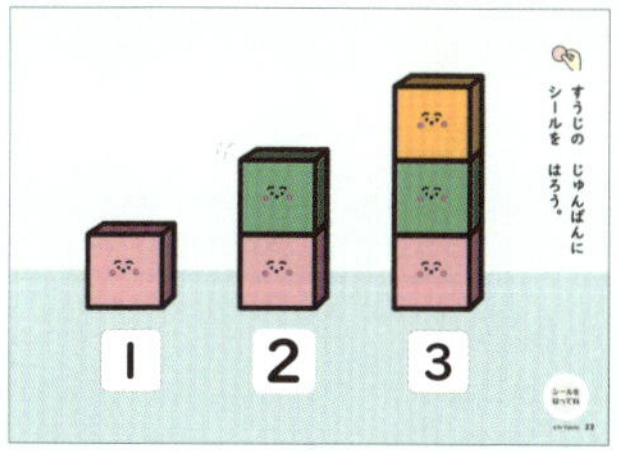

p.23

p.24

p.26

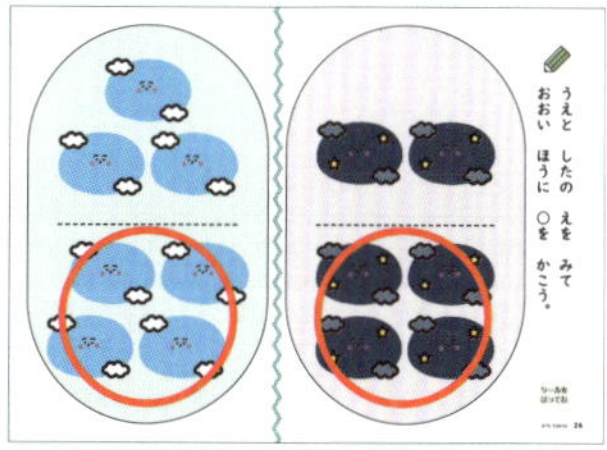

p.28

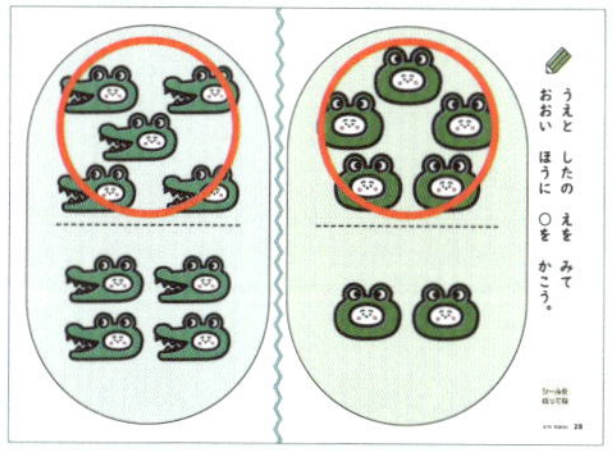

p.29

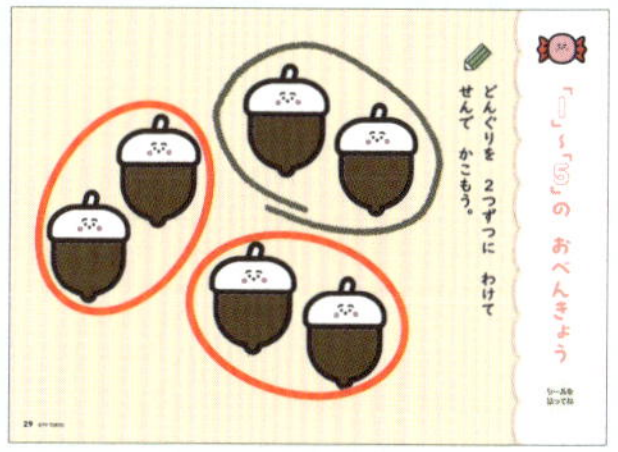

p.30

p.31

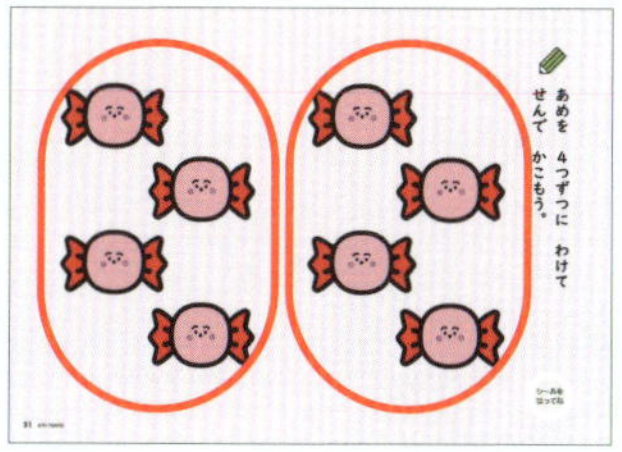

p.32

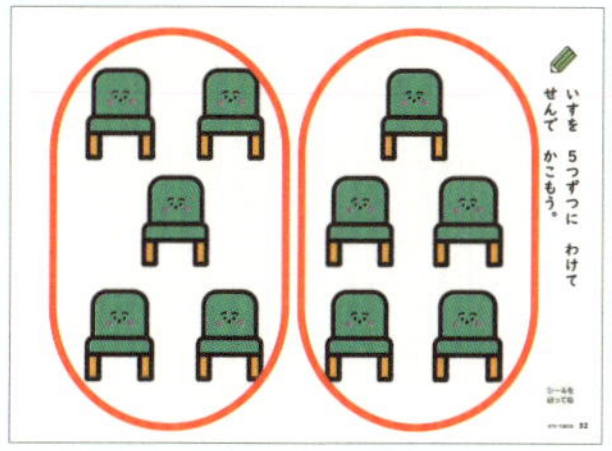

p.33

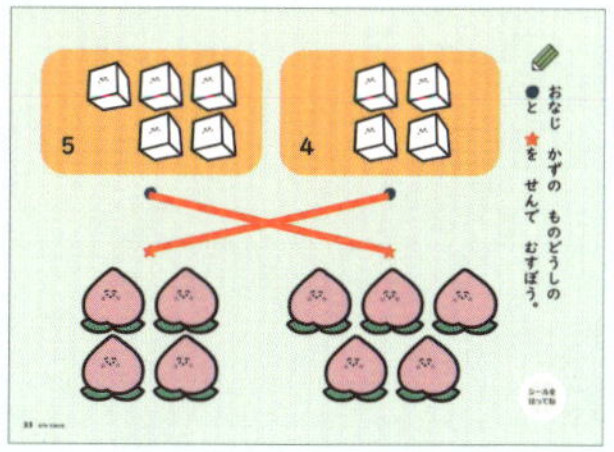

p.34

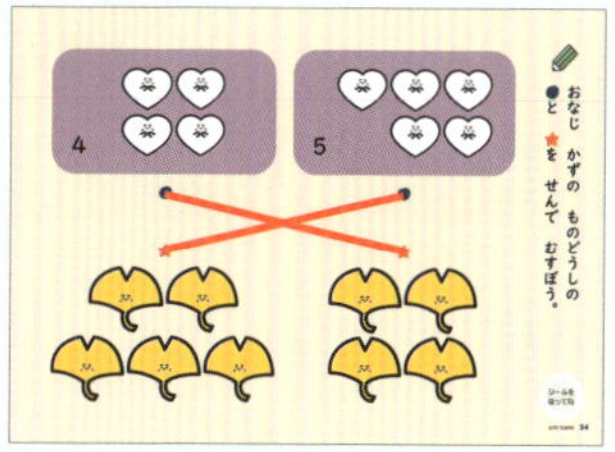

p.36

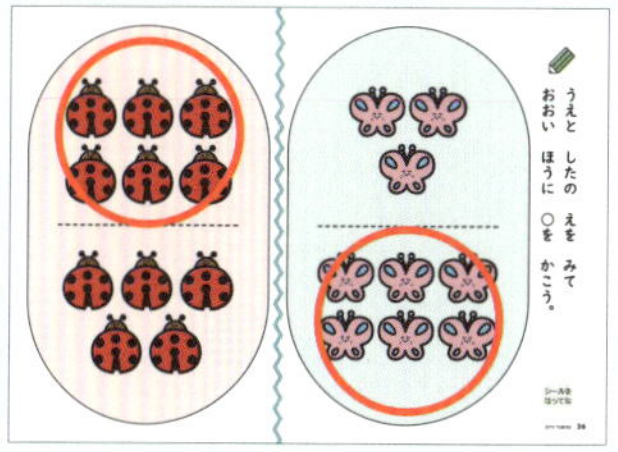

p.38

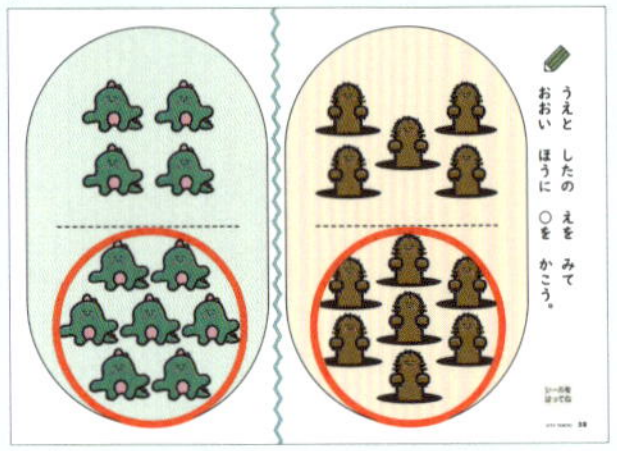

p.40

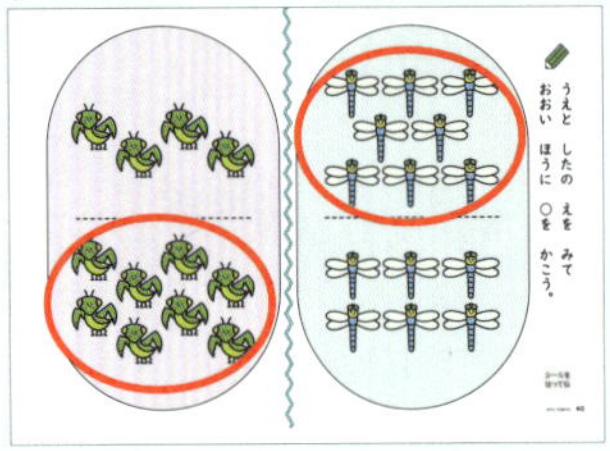

p.41

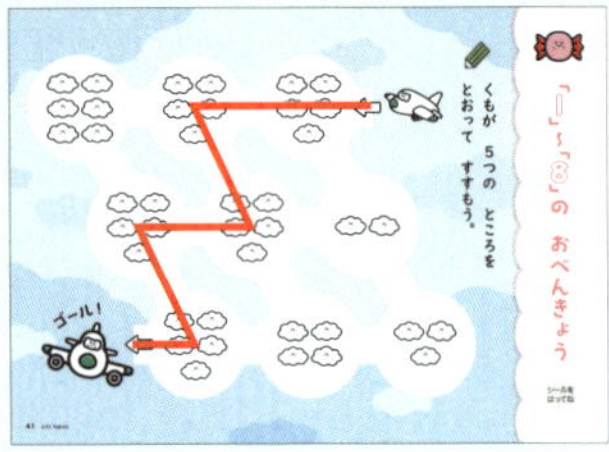

p.42

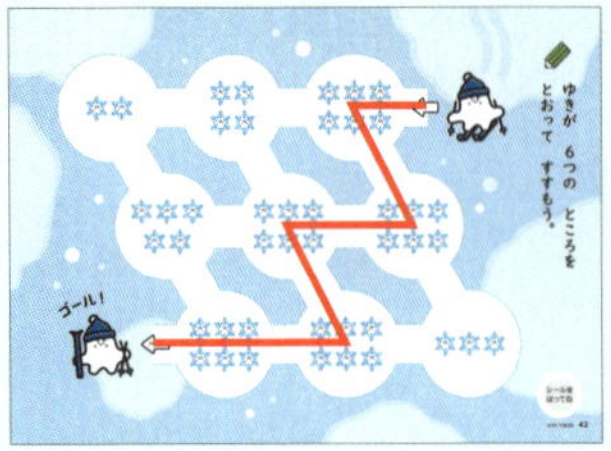

p.43

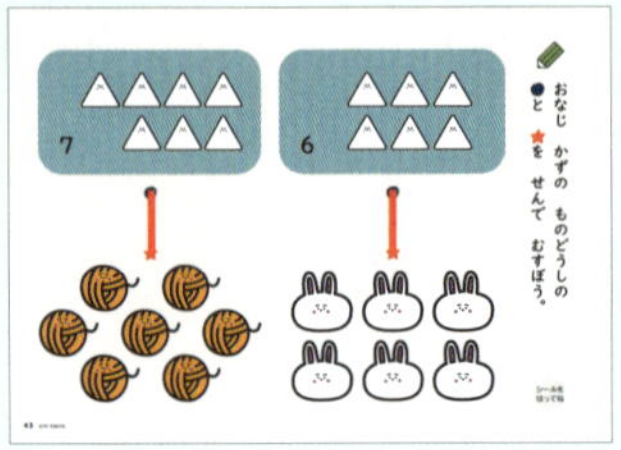

p.44

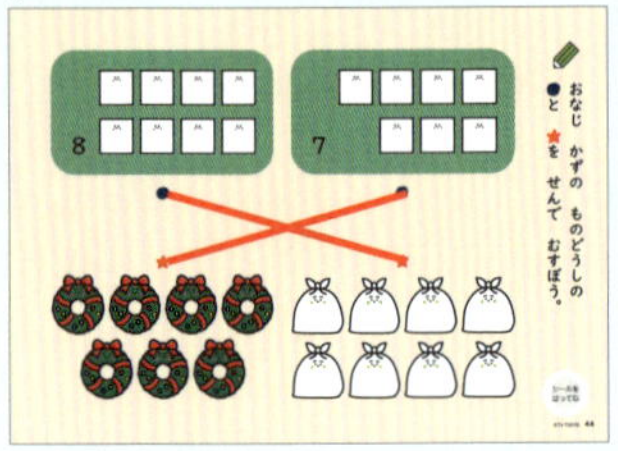

p.48

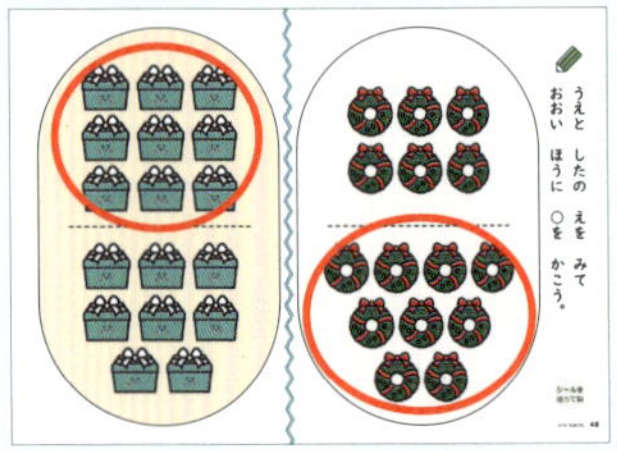

p.50

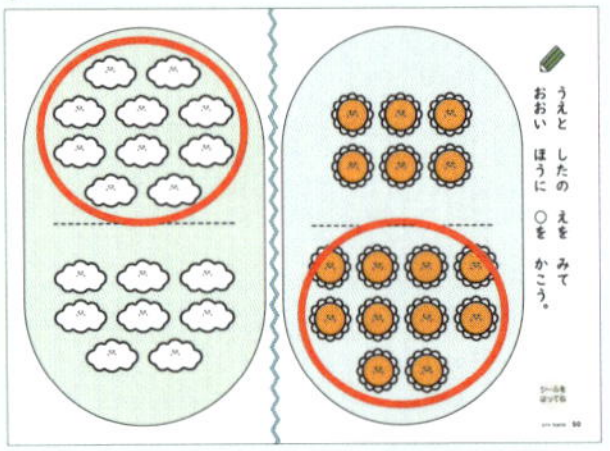

p.51

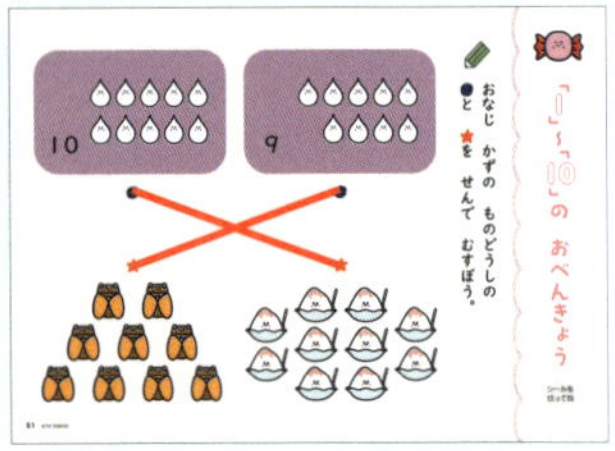

p.52

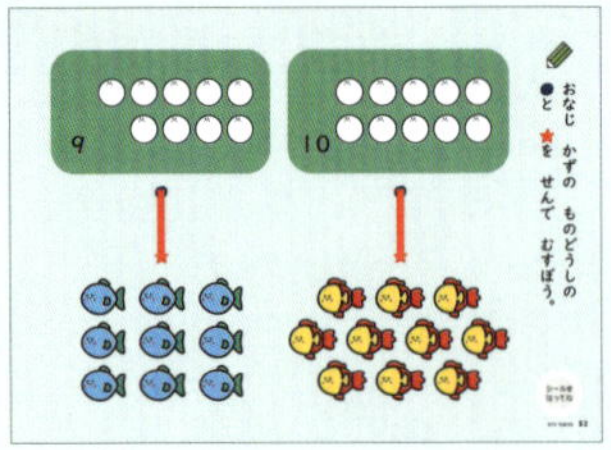

p.53

p.54

p.55

p.56

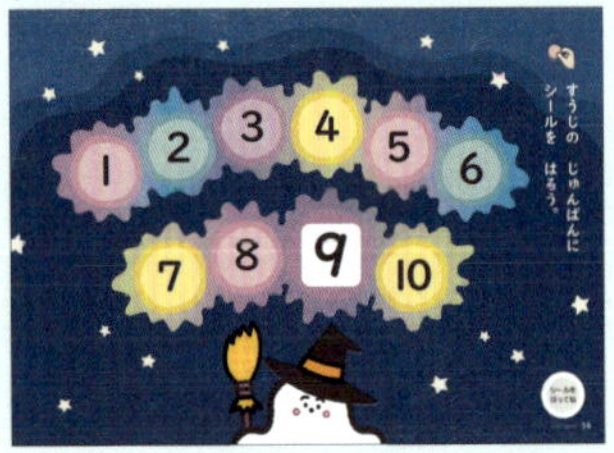

p.57

p.58

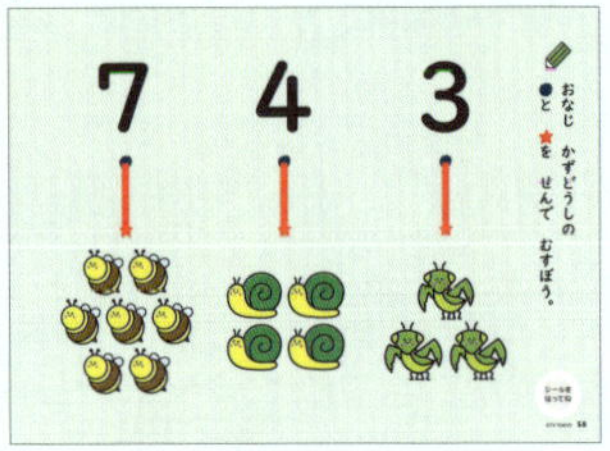

p.59

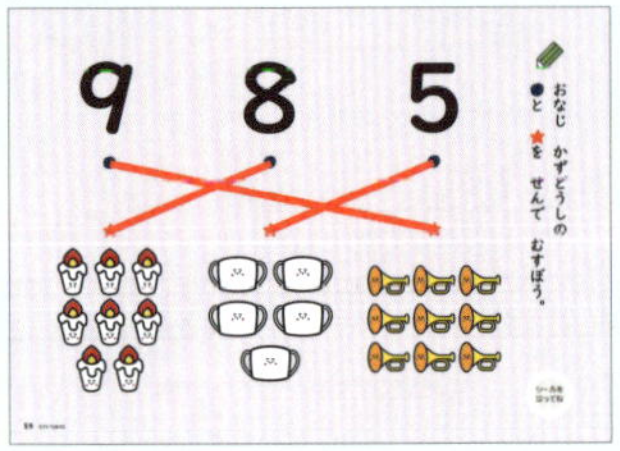

p.60

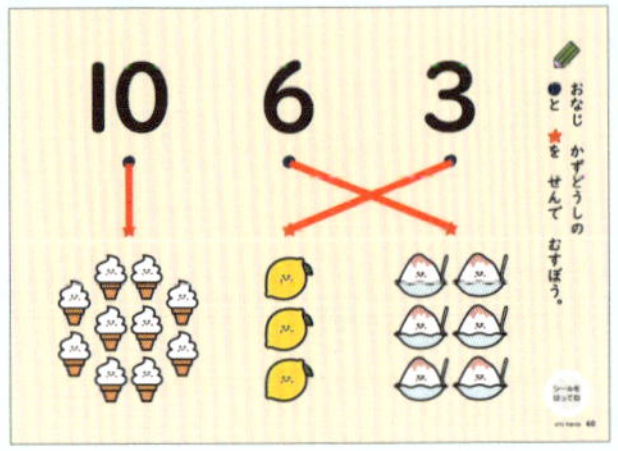

すうじシート

1	2	3	4	5	6	7
8	9	10	1	2	3	4
5	6	7	8	9	10	0

おうちの方へ はさみで切り取って、神経衰弱ゲームや数を覚える練習にご使用ください。

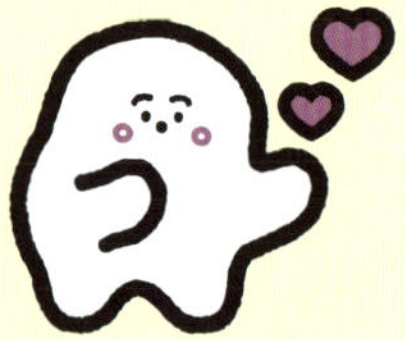

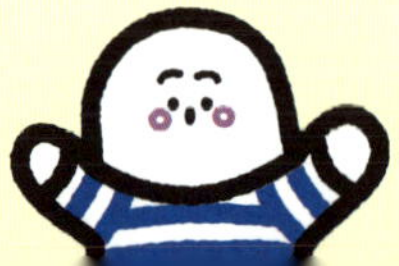

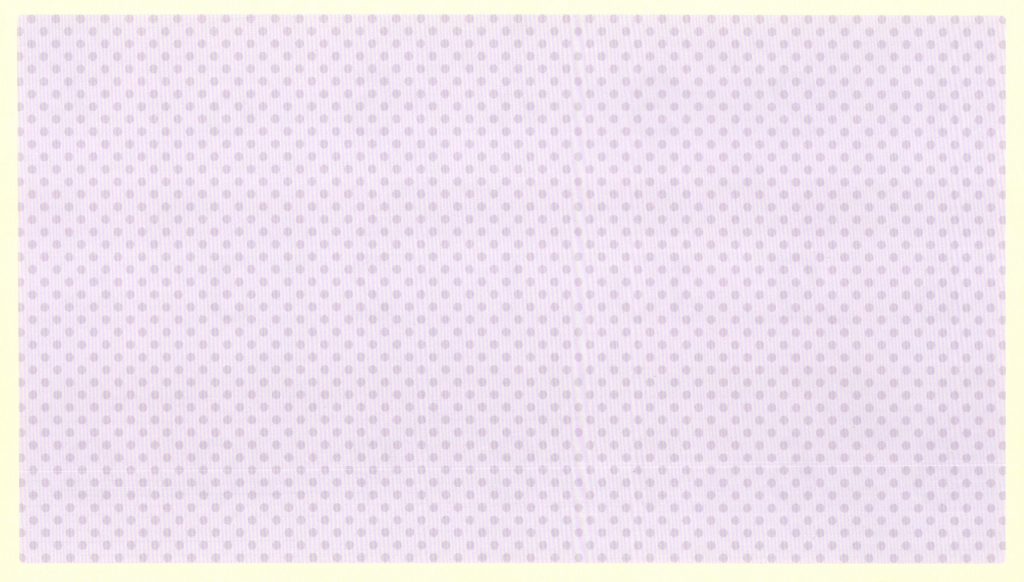